我只是假裝不在乎

COME CLOSER
On Love and Self-protection

Ilse Sand

脫下「**自我保護**」的社交面具，
享受正向的人際關係

伊麗絲·桑德——著
梁若瑜——譯

推薦序——

誰傷害了你？

情緒管理專家／**吳娟瑜**

不論是親子關係、愛情關係，還是同事關係，有的人就是會用批評、指責，甚至以疏遠、閃躲的方式讓你難受。

多數時候，我們真以為錯在自己，可能去乞求原諒，可能長期自責，如今，看了丹麥心理諮商專家伊麗絲．桑德女士著作《我只是假裝不在乎》，一切豁然開朗、真相大白。

原來我們碰到善用「自我保護策略」的高手，他們從童年學來的求生技巧，常以轉移情境、轉移話題、轉移注意力的方式，造成旁人心靈受傷而不自知。

書中有一令人印象深刻的案例，一位媽媽怪罪子女碰到問題不找她傾訴，子女勇敢說出真心話——每回求助，媽媽總是轉移話題，切斷內在真實的感受，假裝不在乎，讓子女得不到撫慰和支持。

類似這樣的案例還很多，有的人感受不到愛的渴望、有的人一再愛上脆弱的男人，有的人把父母理想化（認同施暴者），有的人不斷地和自己作對，讓我看了心有戚戚焉，同時心生警覺。

我們需要加深靈敏度來自我覺察，誠如作者提醒的「第一步要關注自己，回顧反省我們自己人生中的策略，檢視該策略是否有助於開拓我們的人生」，千萬別犯了書中所說的「戴著社交的面具」，或活在「偽感受」裡，或過著「捏造的自己」的人生。

「是誰傷害了你？」

每當我們心理不舒服，甚至痛哭不已，書裡專業的分析和豐富的案例都將令我們破涕而笑，明白是碰到「自我保護策略」的人，他們或許是故意，或許是不自覺，但是都傷害不了我們，因為從書中的學習，我們將一眼看穿，全身而退。恭喜我們，繼續成長吧！

推薦序

臨床心理師／王意中

一個人，面對日常生活中，人與人的關係或壓力事件。當心理上，一時無法面對、不知所措或招架不住。適時地選擇逃避、否認或轉移，讓自己與橫在眼前的人事物，保持一段安全的距離。像是為自己易脆的心，裝置了安全氣囊、貼上了保護膠膜，讓自己免於受傷。

我們都有一種免於讓自己受傷的心理機制。自我保護策略的浮現，讓我們在心理上，容易感到好過些，舒坦些。匈牙利諺語「逃避雖可恥，但有用。」階段性給自己一些時間，慢慢地調適與因應。這一切的作為，很是自然。

但是，無論有無意識地使用自我保護策略，如果不適時停下來檢視、修正、微調這些策略，是很容易讓我們離內在真正的自我越來越遠，「我到底是誰？」自我面貌越來越模糊。

閱讀《我只是假裝不在乎》這本書，讓我們有機會停下來，仔細地、好好地、真誠地自我檢視，過往自己如何使用這些自我保護策略。點醒了我們終究還是得要真誠面對內在的自己，更清楚地關注自己內在的需求、想法、感受、經驗，以及與周遭他人的親密關係。

也許，解析了自我保護策略，漸漸地淡化自我保護色彩，讓你赫然發現自己竟與原先既定的、預設的、想像的、理想的模樣，出現了極大的反差。卻也讓我們擺脫了，想要成為一個「很好的人」的執著，而能夠真真實實地活出自己。

目錄

⑤ 把父母理想化的危機

8 回歸原本的自我

序

在我擔任牧師及後來擔任心理治療師的這段期間，許多和我相談的人都曾經受過愛的傷害——前提是如果他們夠幸運，曾有人能讓他們愛的話。

由於曾經講授關於愛和自我保護的課程，我發現多多瞭解我們在人際關係中經常使用的心理機制是非常有助益的，不論是人際關係剛起步時或日常人際互動中都是如此。

在這本書中，我會描述自我保護策略如何形成、它們如何可能阻礙良好且親密的人際關係，以及如何能瓦解種種希望捨棄的策略。

我瞭解到，只要我們在自己所有脆弱的時刻，敢勇於徹底活在當下，卸下不必要的武裝，我們的人際關係就能變得更深厚且更有意義。

我研究這個主題時所研讀的文獻都是寫給專業人士看的，然而本書為了讓任何人都能輕易上手，文字力求簡明易懂。同時，我也嚴謹地以心理學界所認可的理論，以及多年來的心理治療執業經驗做為基礎。

本書中所提供的許多案例說明，原本大多是教學時的教材，但這些情境和對話，在我從事諮商治療時也經常遇到。某些案例是真人真事，在書中則以匿名方式呈現，並已取得當事案主同意。

我親眼見到這份知識對許多案主和我本身帶來很深遠的影響，因此衷心盼望除了閱讀專業文獻或正在接受心理治療的讀者以外，它還能讓更廣泛的讀者群也受益。

前言

為什麼我們並非人人皆和別人共享充滿活力和關愛的人際關係呢？為什麼我們有這麼多人孤單過活，或人際關係中缺乏親密感和對彼此的真誠關心呢？

這個問題的答案可能有很多種，其中一種是，我們利用自我保護策略來欺騙自己和在愛之中扯自己後腿。

任何從事心理治療的人一定都對自我保護策略不陌生，案主運用各種策略以疏離其他人、以逃避正視自己的人生，或以壓抑自己內在的感受、想法、知識或欲望。

多年下來，這些策略被賦予了不同的名稱，佛洛伊德稱之為「防衛機制」（英文defence mechanisms，德文abwerf），認知治療法常談的「應對策略」（coping strategies）概念，有時所指的是相同的事情。

就連比佛洛伊德早了半個世紀提出理論的齊克果，也曾注意到這種現象。他寫道，人類有一種特異本領，會自己混淆自己的知識（Kierkegaard 1989）。至於到底是如何做到這一點，齊克果並未深究，如今我們對箇中緣由瞭解得更多了。

我們有時會利用手段來混淆其實再明顯不過的事情，或利用它們來疏離別人和我們的內在自我，我把這些手段稱作「自我保護策略」。我的「自我保護策略」泛指人類一切（有意識，或大多時候是無意識地）用來避免和其他人或自己內外在現實貼得太近的行為。

自我保護所牽涉到的，也可能包括戒菸，或在海上穿上救生衣。不過，我在本書想探討的自我保護策略，是我們用來讓自己與現實生活疏離的策略。有時候，這麼做可能是有好處的；有時候，則可能演變成問題。

你的感受變得令你無法招架時，如果自我保護能讓你遠離這些感受，那麼自我保護是好事。但要是自我保護策略變得僵化不知變通，且被允許（全然或只是局部地）無意識地擅自作主，那麼這相同的策略也可能演變成一大問題。

和內在自我的距離拉開到超出合理範圍時，我們的生活品質和活力都會受到影響，而我們要是和真實生活現況的距離太過遙遠，便無法看清生活現況，在生活中也會越來越不知所措。

譬如有一種自我保護策略是，運用你的想像力重新塑造外在現實，好讓你在看待你自己、別人或你的機會時，會把他們看得比實際上更好或更糟。另一種比較具體的例子是，你的呼吸不夠深，以至於無法真正感受到自己。

過去遭遇到艱難情境時，自我保護策略曾經成了巧妙的解決之道。如果你在童年時期曾不得不想出很多自我保護策略，長大成人後，你可能會發現自己被自我保護團團包裹，根本無法和自己或他人建立良好的情感交流，而且這麼一來，你便錯過了良性人際互動所可能喚起的內在綻放。

我衷心希望這本書能激發身為讀者的你檢視一下自己的自我保護策略，並重新想想，如果拋開其中一種或多種策略，你的人生是否說不定能變得更豐富，如此你就能更靠近自己、更靠近你的人生和其他人，也從生活中獲得更多樂趣。

CHAPTER 1

自我保護策略如何運作

我在這本書中所談的自我保護策略，是我們用來疏遠我們自己的內心、疏遠別人，以及疏遠我們生活中外在現實的一些策略。從現在起，每當我使用「自我保護策略」一詞，所指的便是這些事情。

以下是自我保護策略的一個具體例子。

漢娜應徵某職位遭到拒絕了，她很難過，但此時此刻還沒有足夠精力去感受自己的悲傷，她選擇打開電視看一部懸疑電影，藉此忘掉現實。如此一來，便能讓自己從求職遭拒的現實中先跳脫出來。

這麼做並不構成問題，前提是她事後要給自己充分的時間和空間去感受和調適自己的悲傷，進而得以再度全然活在當下。然而，倘若這是她用來應付困難感受的唯一策略，倘若她從來不給自己時間和空間放鬆並感受自己此時的感受，那就會構成問題了。她將會時時都和自己處在疏離的狀態，而這恐怕會導致情緒上的壓力或缺乏發自內心的活力。要是她未能意識到自己正在疏遠自己的感受，就會演變成更大的問題，因為她將不會有機會改變這種行為。

大多自我保護策略在童年時期的初期便出現。在這個時期，年紀很小的孩子為艱難情境所能想出的最好辦法就只有這些了。日後，自我保護策略可能會變成無意識的，每當再遇到類似於我們童年時期未能妥善化解的危機情境時，這些策略就會自動啟動。

以下舉個具體例子做說明。

在依蕾絲的成長過程中，她母親經常心情低落，且常把自己所受的苦掛在嘴邊，依蕾絲聽得心如刀割。小孩子並沒有能力處理大人心中的絕望，而且得知自己的照顧者生活過得不好，也是很令人害怕的。所

以，在年紀還很小的時候，依蕾絲就發展出一套策略，就是每當遇到這種情境，就趕緊徹底轉移話題，好讓母親轉換念頭，想想別的事情。

如今，她不明白為什麼她的孩子遇到困難都不來找她傾訴。她曾問他們為什麼會這樣，他們的回答通常是，他們也曾試著要傾訴，但結果總是變成母親轉而談論其他不相干的事情。

如果依蕾絲曾把親子間的對話錄音，她應該就能聽出，每次感受到或聽到身邊親人遇到難題或悲傷的事，她就會不知不覺地轉移話題。

如果我們常在渾然不覺的情況下使出這種自我保護策略，便會嚴重妨礙我們建立更深層的人際關係。

這種模式也許從前拯救了她的心理平衡，如今卻阻礙了親子間的信賴，如果依蕾絲能認出並正視自己的這種模式，那麼她在改變自身策略上便已跨出了一大步。

自我保護是為了克服緊急狀況

自我保護策略通常是一種求生技巧。

舉例說明：

安娜年紀很小時，若試圖博取父母的注意，他們的反應往往是負面的。他們可能會嫌她很煩，或可能會看到他們流露出有壓力或不舒服的眼神，這對她來說實在太不愉快了，以至於她在日後的人生中決定放棄，且從未學習培養所謂正面的「爭取注意力」技巧。

於是，她窮盡自己所有的創意想出另一種辦法，畢竟兒童非常渴望和照顧者建立深厚的依附關係。她發現，要是轉而主動向他們付出自己的注意力，事情就能比較順利。所以每當她渴望受到關注，她就會在正在看報紙的父親身旁坐下來，關心他正在閱讀什麼內容。通常她父親覺

得這樣還滿愉快的，她便能和他肩並肩坐在一起，感受他身體的溫暖，並透過這種方式，獲取兒童極度需要的親密感。

長大成人後，安娜變得擅長讓自己退居其次，轉而將注意力放到別人身上，而這確實是一種很棒的技巧。問題在於，她無法再非常明確地感受到自己對關注的需求，她感到自己非和別人待在一起不可。當心中浮現這種渴望時，她通常會找姊妹淘出來，等她們坐下來一起喝咖啡時，她便會問：「最近好嗎？」大多人都很喜歡被這麼問候，於是她的姊妹淘開始滔滔不絕地說了又說，然而安娜無法明白為什麼自己變得越來越惱怒和挫折。

她自身渾然不覺，但她這是在使用童年時期所學到的一種求生技巧。她無法再感受到自己對關注的需求，或者她一意識到這需求的存在，就立刻將需求拋開，讓她的求生技巧取得主導權。

一旦安娜察覺到自己處理關注需求的模式後，她就能改變自己的行為。下次再和朋友一起坐下來時，她或許就能稍微改變一下，多聊一些自己的近況。

而安娜的丈夫也將如釋重負，因為她將不再因為自身的挫折感而找他麻煩，反而會直截了當說出自己的需求，譬如她會說：「如果你接下來能全心全意陪著我十五分鐘，我真的會很開心。」

這聽起來很簡單，一點也不費力，其實不然。安娜察覺到自己的求生技巧，意識到自己多常忽視自己對關注的需求後，她會感受到悲傷，她將再次經歷那些致使她放棄自身需求的童年時刻。不再使用這種求生技巧後，和別人接觸時，她將感到無助且缺乏安全感，等發現並學會新的相處技巧後，情況便將改善。

自我保護是暫時的權宜之計

我想用個小故事說明該如何積極地使用自我保護，又該如何在良好安全的環境中解除自我保護。

六歲大的傑斯柏揹起書包，向媽媽揮手道別，準備去上學。途中他遇到幾個年紀較大的男孩，傑斯柏對他們微笑，可是他從他們旁邊奔跑經過時，其中一人卻把腿伸出來，想絆倒傑斯柏。他跌倒了，磨傷膝蓋，流血了。年紀較大的男孩們大聲嘲笑他，罵他是小蠢蛋，然後轉身離開。

傑斯柏的嘴唇在顫抖，有一瞬間，他猶豫著是否要折返回家找媽媽。不過他太想去學校找同學玩，終究打消了跑回家的念頭。於是傑斯柏還是去了學校，但變得很不快樂，事實上，男孩們的行為令他受了很大驚嚇，膝蓋的傷也很痛。

他到了學校後不太舒服，努力想忘掉剛才發生的事，把注意力放在教室裡正在發生的事情上。他疏離自己的恐懼，盡量避免去處理自己的感受。這變得非常困難，因為戶外遊戲區的值班老師貝妮妲問他：「傑斯柏，你還好嗎？」她輕輕側過頭，很關心地望著他。傑斯柏感到淚水在眼眶裡打轉，但他努力忍住，且立刻逃離現場，丟下貝妮妲一人。他匆匆跑開時只朝她喊了一句：「還好。」

傑斯柏試著參與其他孩子的球賽，但他心裡一點也不想玩球。

傑斯柏下課回到家時，媽媽不在家，他只好坐在電腦前，開始玩電腦遊戲。稍後媽媽從房門探頭進來，說：「嗨，傑斯柏。」當下傑斯柏開始忍不住大哭，媽媽進房把他抱到腿上，母子倆談著和那群大男孩間發生的事，以及他的傷口有多痛，和心中有多害怕，媽媽替他清洗並包紮了膝蓋傷口。

過了不久，傑斯柏又變得快樂，很願意玩遊戲了。他重新接觸到自己的情緒，也能感受到想開心玩樂的渴望。

遇上了驚嚇事件，卻仍決定去上學，傑斯柏這樣做是疏遠了自己的感受。到學校後的一整天，他都在拚命壓抑著別哭，從某方面而言，可說是在浪費自己的人生。從傑斯柏磨傷膝蓋到向母親哭訴的這段時間，他都是和自己及自身痛苦斷了聯繫，也和自己的喜悅和想遊戲的渴望斷了聯繫。他變得像個麻木的機器人，對外在環境只求得過且過。

另一方面，傑斯柏這麼做是很明智的，他懂得到了安全環境再釋放自己的感受，這時他媽媽能協助他調適並理解這一場不愉快的經驗。隨便找個地方或隨便找個人釋放自己的感受，並不是明智之舉。假使他屈服於自己的感受，在學校遊戲區一股腦地統統講給貝妮姐聽，說不定她會不以為然地望著他，叫他要打起精神來。那樣對他而言將會非常非常不愉快，他的心情可能會變得更糟。

從他遇到那群大男孩到回家有母親陪伴這段時間，傑斯柏選擇的是忍耐，把自己的感受隔離開來。他練就了一種自我保護策略，這是件好事。而且好在他有位懂得如何安撫他的母親，協助他調適自己的感受，並重新與自己恢復聯繫。

讓自我保護策略充當暫時的權宜之計，通常是一種好方法，而且擁有這種能力是好事一樁。這麼一來，你便更能掌控要何時調適你的內在自我，何時決定先迎合社會規範，還是要專心面對當下所遭遇的難題或挑戰。

內在心理的自我保護與人際自我保護

自我保護可分為兩種，一種保護是阻絕自己可怕的情緒、想法或欲望，這種叫做「內在心理的自我保護」；另一種保護是不讓別人太靠近你，這種叫做「人際自我保護」，是發生在你和別人之間的事。

內在心理和人際的自我保護，傑斯柏兩種都用到了。一方面，他疏遠了自己的感受，站了起來，深呼吸了一、兩次；另一方面，他在校園裡疏遠了貝妮妲，她來關切他時，只回答「還好」便趕緊離開，他這時使用的是人際的自我保護。兩種都是好方法，而且也許他未向貝妮妲傾吐心事算是明智之舉，畢竟他對她不是很瞭解。再怎麼說，他都更確定家裡的母親一定更瞭解他、更善於安撫他，且更懂得如何協助他整頓自己的心情。

下列的肢體語言或人際互動行為，是用來疏遠他人的一些典型例子。

肢體語言：

- 避免眼神交會
- 雙手抱胸和交叉雙腿
- 表情漠然

- 轉身背對或側身以對

人際互動行為：

- 批評想要親近你的人
- 挑起爭端
- 使別人欠你人情，或贈與別人相對大量的禮物或其他好處，製造不平衡

人可能會在不知不覺的情況下，使用一個或多個自我保護策略。這種時候，比方說，你可能會在一段交談後感到空虛，卻未發現是你自己阻礙了你所需要的親密感。

有些人需要學著用更好的方式運用人際的自我保護。我經常教高敏感的人，在他們負荷量過大時，或他們精力不足，無力去和別人應對時，如何多

保護自己不要受到別人傾吐的心事所傷害。

關於該對面前的人專注到什麼程度，高敏感族對自己的要求常常嚴重過高。對他們而言，有可能很難明白，張望別處或轉成側身以對，甚至在自己無力招架，無法再對於對方感同身受時，轉身背對是沒關係的，譬如當目光交會變得負荷量過大時，把目光移開也是沒關係的。

人際的自我保護是一種重要技能，但很重要的是要瞭解何時才是適用的時機。這樣你才能自行選擇要在什麼時候疏遠什麼人，以及疏遠的距離該多遠。內在心理的自我保護策略也是相同道理，我將在下一段進一步談論。

疏離內在自我的自我保護策略

有些時刻並不太適合自我反省，譬如你正在上班並想要專心工作的時候。如果你內心充滿痛苦、衝突或混亂，或者當下的時間和地點並不適合把注意力轉向內在時，和自己的內在自我保持距離或許是比較好的做法。

拉開距離是一種最基本的內在心理自我保護策略，也就是壓抑。壓抑是我們當下所選擇的一種遺忘，或者也可能是一旦如此選擇後，連「選擇要忘掉」的決定也一併忘掉，讓它從我們的意識中徹底消失，我們再也不記得父親或母親曾以非常可怕的方式虐待過我們。

這也可能以比較生理的方式表現：你的肌肉緊繃，或人變得僵直，並避免深呼吸。我們不想要感受到自己的身體時，就會不再深呼吸，這通常是不自覺的行為。身為心理治療師，我很注意案主的呼吸情形，所談論的話題太敏感時，我發現呼吸會移至胸口上方的部位。

以下是幾個內在心理自我保護策略的例子：

● 轉移注意力：譬如我們不管走到哪裡都帶著手機，經常掛在網路上，三不五時就看一下臉書。

● **投射：**我們經驗到自己所不擅處理的感受或特質時，會把它們視為別人的，而非我們自己的。譬如母親要精神奕奕的孩子上床睡覺，因為她本身感到疲倦，並相信感到疲倦的是孩子。

● **讓自己變得昏沉麻木：**飲食、娛樂、睡眠過量或其他形式的濫用，會讓我們變得昏沉、麻木。

● **讓自己對部分現實視而不見、充耳不聞：**譬如我們並未留意別人的行為中喜不喜歡我們的暗示，而只憑自己的想法或幻想揣測。

● **誇大的正面思考：**譬如別人令我們感到困擾時，我們總是想著，當然囉，他們是為了我們好。這麼一來，我們就能避免讓自己生氣或難過。

我們經常有好幾種自我保護策略同時一起運作，它們有可能層層相疊，如以下例子所示。

凱倫每次問男友對這段感情是否認真時，男友就左顧右盼。假如她無法調適自己對這件事的情緒反應，便將以數種方式保護自己。

- 她會「避免」注意到他飄移的眼神（讓自己視而不見）。
- 她還是看到了，卻想：「他只是剛好不小心看了別的地方而已。反正，我們去年度假時，他說過他愛我。所以，他當然是愛我的囉。」（誇大的正面思考）
- 她鼓起勇氣想著：「說不定他不是認真的。」這時，她的呼吸轉移到胸口上方的部位（避免深呼吸）。
- 她意識到自己的呼吸變淺了，也注意到身體僵直了。她刻意深呼吸了一下，覺得很想要看一下臉書（轉移注意力）。

和能帶給我們安全感的人相處時，我們比較能自在地自我表達。最理想的情形是，凱倫和善於傾聽且願支持她的摯友在一起時，她能勇於把這思緒一路推演到底，仔細感受自己的情緒反應。

最糟糕的情況是，她現有的自我保護策略太多了，多到沒有朋友願聽她傾吐。這種情況下，她恐怕會繼續保護自己，並可能會繼續和男友在一起好些年，卻從來不敢好好檢視他到底有多認真。

內在心理的自我保護與人際自我保護間的平衡

人際自我保護策略可防止別人靠得太近，內在心理的自我保護策略則讓你疏遠自己的想法、感受和欲望。但你自己的內在情緒狀態，和與他人親近與否，兩者是息息相關的。人與人之間會激起彼此許多種不同的感受和反應，而內在心理的自我保護策略和人際的自我保護策略可相輔相成。

對內在自我持有強烈自我保護策略的人，對外並不需要很多保護。他們通常會顯得很堅強，有能力應付大量的人際接觸。

這些人通常很開放且健談，不會有太多焦慮感，似乎也能和自己的情緒保持聯繫，且瞭解自己。可是，有可能他們所瞭解且認同的「自己」，是個有部分由他們捏造的自己。而且，有可能他們所談論的感受是偽感受，也就是說這些是他們假想或硬套在自己身上的感受，而不是他們實際感受到的情緒。他們有一個自己全然認同的社交面具，卻和自己深層的感受和欲望斷絕了聯繫。例如「我隨時都很快樂」這種說法，就顯示了當事人並未連結到自己真正的感受。

你的內在心理自我保護策略越是薄弱，就越需要人際自我保護策略。對於自己內在的自我保護策略較薄弱的人，需要較強大的外在策略來抵禦外在世界。人際接觸很容易令他們變得負荷量過重，他們需要保持距離才能找回自己。

高敏感族用來疏離內在的自我保護策略，通常比一般人來得薄弱。他們比大多數人都更容易進入自己的無意識層面，並更深刻地感受到內在自我。

因此，有些非常敏感的人會選擇在某些時期遠離其他人。如果因為負荷量過大，或因為會喚起心中的舊傷痛，而想避免和別人靠得太近，孤立自己是最安全的辦法。

一個人有可能同時面臨自我保護不足，以及自我保護太多兩件事情，並不見得總是非此即彼。對很多人來說，在某些領域捨棄過時或無謂的自我保護策略可能是有益的，在其他一些領域則最好打造新策略來強化自己。

如果我們能自行選擇是否要使用某種自我保護策略，這會是對我們有幫助的事情。但要是我們在不知不覺的情況下使用了，便有可能會造成問題，

並同時百思不得其解，為什麼我們和別人接觸時，竟發生了始料未及的情形。我將在下一章談怎麼會發生這種事。

CHAPTER 2

無意識地執行自我保護策略所產生的問題

讓我們回到傑斯柏的故事，他在上學途中擦傷了膝蓋，並使用了幾種不同的自我保護策略來隔絕自己的感受。

我們不妨假設有另一個名叫馬汀的男孩也遭遇了相同的事件，回到家後他母親卻未能提供適當的協助，也許母親告訴他哭是沒有用的，或者他應該打回去。馬汀隔天懷著未受撫平的心情去上學，他需要耗費力氣來壓抑自己對那群大男孩的恐懼，克制心中的忐忑不安。

在最理想的情況下，他將向其他一些大人求助，例如學校遊戲區的值班老師貝妮妲。但有可能他不會向任何其他成人求助，因為他想要忠於母親，或因為他變得開始害怕自己的感受，畢竟他母親並未接納這些感受。

如果他決定（一如他母親那樣）疏遠自己的內在感受，到了學校又想要和大人接觸，那麼他將不會去找貝妮妲這種會以同理心回應他的人，這是因為同理心會威脅到他在自己四周建立起的壁壘。

選擇冷漠又自我中心的人做為伴侶的原因

倘若別人看出了我們此時此刻並不想觸碰的感受，這些感受將會被放大，我們便無法再壓抑它們。

如果馬汀希望疏離自己的感受，他就必須遠離別人對他的關懷，因為任何的關心舉動都將威脅到他的自我控制。所以如果他需要大人陪伴，他將會選擇黎柏老師，而不會選擇貝妮妲。黎柏老師是個冷漠的人，常心不在焉，不會察覺到馬汀的脆弱。

如果太常重複使用這種人際的自我保護行為，以至於這種行為最後變得不自覺且無意識，長大成人後的馬汀將不會再注意到，譬如為何他一再和冷漠的人交往，或是在某種程度上不流露情緒的人。

自我保護策略變得不自覺且無意識時，我們可能會感到迷失自我。我們無法明白為什麼自己總是遇到阻礙，或一再重複自己所不願意卻又無法擺脫的反應或模式。

自我保護策略在童年時期不見得需要被使用很多次，就可能變成不自覺的反應，也就是說，某方面而言它就像學騎腳踏車一樣。起初，我們花很多精神思索腳該怎麼放到踏板上，順序該是如何，我們花費很大的工夫摸索雙手該如何握住龍頭以保持平衡，但一旦學會騎腳踏車了，從此之後騎乘時就能不假思索。同樣地，我們使用自我保護策略時也可能不再意識到它的存在，或甚至不覺得是我們自己啟動了它。

自我保護策略大多時候是無意識的，而且有時候，我們已經和它們共處了太久，以為它們就是我們性格的一部分。

我將在下一段詳加探討你是怎麼和自我保護策略融為一體的。

如果自我保護策略變成人格的一部分

自我保護策略和我們自身的性格，這兩者的差異有時很難區分。認定自我保護策略屬於自身一部分的人，如果遇到別人指出這一點，並建議他們用不同的方式和別人互動，他們的反應當然是會很生氣。也許他們會說：「別想改變我，我這種人就是不需要別人照顧，我就是喜歡自己照顧自己，你要學會接受我這副德性。」而要是有人質疑這一點，他們將會把質疑視為人身攻擊。

如果你已經徹底認同了你的自我保護策略，第一步就是要瞭解到，你和他人互動的某些方式會疏遠別人，會使你無法清楚察覺你的內在感受，且或許會使你無法看清你在生活中的處境。下一步是累積足夠的欲望和勇氣來改變這一點。

如果你察覺到自己有時阻礙了自己、破壞了自己和別人，以及和你自己建立緊密關係的機會，那麼你的方向就正確了。你可能還不是非常明確瞭解你到底做了什麼事，導致你疏離了你所渴望的這份親密感，但如果你秉持開放態度且有興趣瞭解箇中緣由，你便已經踏在正途上。

為什麼會出現這麼強而有力的自我保護策略，尤其出現在愛情關係中，將是下一章談論的主題。

CHAPTER 3

因為害怕失去的悲傷而逃避親密關係的人

投入一段感情關係，能為你帶來喜悅並提升生活品質，卻也可能引起兩種悲傷。

第一種悲傷，是你會失去所有其他的機會。當我們決定和某位特定的伴侶結為連理時，也就是捨棄了很多其他可能的伴侶。沒有人能完完全全滿足我們所有的要求，所以在我們選定某個特定的對象時，如果某些東西是這個對象所沒有的，我們也就必須一併打消獲取這些東西的念頭，這是一種悲傷。

另一種悲傷則在後頭，是因為一段感情關係即是一場尚未發生的悲傷。我們會失去所愛的人，如果生前未失去，那麼雙方其中一人過世時也會失去。如果你非常懼怕喪失和悲傷，你有可能會有一種無意識的抗拒，抗拒讓重要的人走進你的人生中。

學會面對傷痛非常重要

如果你能勇於面對傷痛，那麼再次失去並不會顯得那麼可怕。如果你夠瞭解自己，知道你可以走出傷痛，順利走到彼岸，重獲對生命的熱愛和嶄新洞見，那麼你的恐懼就不會那麼深。

有能力向死者道別，並給自己充裕的時間這麼做，這兩件事情極為重要，但在我們這個時代卻未受重視。我不時聽到案主說，他們處在低潮期沒多久，別人就給他們抗憂鬱劑，急著要他們恢復原本的生活步調，開始處理工作上的事務。這樣很可惜，因為愛的能力和悲傷的能力兩者密不可分。

烏蘇拉曾經有過好幾段感情，現在正迎向一段新戀情，她非常清楚這段新戀情恐怕也會很短暫，但並未因此就打退堂鼓。如她所說：「我之前經歷過失去，我知道失去並不危險。某些日子裡，我會哭一哭，找

人聊一聊。之後，只要過了一段時間，我又準備好再試試看了。」

如果你害怕處理傷痛和失去，那麼感情關係會是風險很高的事情。如果你在人生稍早前曾經歷過失去，你不願加以感受，因而未能妥善調適這失去，那麼可以說你正時時刻刻都背負著一份未處理的傷痛。如果真是如此，你將更害怕再度失去。

為了避免悲傷而逃避人際關係

身為心理治療師，我發現居然有不少人背負著或大或小的未處理傷痛包袱。有可能是年少時的戀情，或童年時期的喪親之痛，譬如摯愛的祖父母或其他一些人，在他們年紀還太小而無法理解什麼叫「再也不回來」時過世了。很多時候，他們未能在這方面獲得任何協助，因為直到幾十年以前，一般人會為了「保護」小孩子，而不讓小孩子得知關於死亡的事，既對死亡避而不談，通常也不帶小孩子參加葬禮。

很多人「忘掉了」某位突然消失的重要人士，因為這失去牽涉到太多傷痛和困惑，還是別記得比較好。

但如果你隨身背負著未處理的傷痛，你對於新的傷痛將尤其害怕。我們本能地知道新的傷痛將喚起舊的傷痛，且恐怕會摧毀掉既有的自我保護，也就是讓我們忘掉了傷心的感受和摯愛的人的自我保護。

未處理的傷痛經常會在心理治療過程中浮現，如果能重新想起我們曾經摯愛的人，將可帶來很大的解脫，還能把摯愛之人的資源和與那個人相關的美好感受導入你自己的性格中。但很多人終其一生對這類喪親之痛都處在無意識的狀態，並發展出許多不適當的自我保護策略，使人無法看清這份傷痛。

避免新舊傷痛的一種方法是避免建立深厚的情感，有些人並沒有愛情關係，他們只有一些我們或可稱為交換關係的關係。我們互相交換服務，你傾聽我的挫折，我就傾聽你的挫折，我們互相排解不快，互相娛樂。交換式的關係並沒有什麼不好，但如果你全部的關係就只有這一種，你便錯過某些美好事物了。此外，你這樣就沒什麼機會接觸到傷痛。

交換式的關係相當容易被取代，如果你在一段關係中投入得非常深，深到對方在你心目中幾乎變得獨一無二，且你的幸福某種程度上變得和那個人密切相關，甚至可能要仰賴那個人了，那麼尋求替代就困難得多了。

無意識地逃避富含愛的關係

很多婚姻其實是交換式的關係，配偶雙方能滿足彼此的需求或某部分需求，也能降低生活開銷，因為兩人能分擔。但他們不能或無法再開拓彼此的眼界，或讓彼此的內在心靈花園盛開。

如果你避免投入有愛的感情關係，你是想確保自己不會遭受巨大的失去。

很多人甚至沒發現自己內心是矛盾的，他們深信他們真的想要進入一段有愛的關係，卻納悶為什麼總是會遇到阻礙。但他們不知不覺中卻在朝反方向努力：**努力保護自己別受到苦痛。他們於是發展出各種不同策略使一段感情關係別變得太重要，這樣就算哪天關係結束了，失去也不會太痛苦或太難以招架。**

或者他們無法面對錯失機會的傷痛，因此什麼決定也不敢做。意思並不是說在這方面某些人很勇敢，或某些人很膽小。基本上人之所以欠缺勇氣，是因為他們在人生早期曾遭遇很大的痛苦，且當時未能獲得任何協助，因此他們對於失去感情極度敏感。

某位案主曾說：

以前我一度完全不想理會人生遊戲的規則，愛和安全感，我兩者都

想要。如今我瞭解到我要嘛可以選擇追求安全感，但這樣是在浪費自己的人生，畢竟追求安全感的代價太高了，要嘛可以開始習慣人就是得在人生的波浪中游泳。我懷著莫大的畏懼和惶恐，正在試圖做到後者。

有些人利用自我保護策略以避免投入有愛的感情關係，這我將在下一章描述。

CHAPTER 4

阻礙感情生活的不幸模式

在這一章，我將談談感情生活受挫的人經常有的各種不同模式和策略。

總是追求不會有結果的對象

俗話說「一鳥在手勝過二鳥在林」，避免太親近的一種方法，就是永遠只把注意力放在你能力所及的樹林之外的鳥身上。

舉例說明，蘇菲雅常常幻想和無法交往的人交往，譬如對方可能是某個已有對象的人，或某個太俊美、太聰明或太有錢的人，那個人選擇和她交往的機率微乎其微。

再舉一例，伊妲經常愛上對她不感興趣的人，她認為沒人想要她，但其實，她無意識中遠遠就能感受出一個男人對她感興趣的程度有多

少。如果對方對她沒什麼興趣，她自己的興趣就會激增，她也開始編織起各種遐想。她感到內心的正面感受源源不絕而來，幻想著自己對這個男人的愛不知該有多深。但事實上的情況是，她曾經受過很重的情傷，致使她再也不敢愛別人或依賴別人。只要所渴望的對象是不可觸及的，她就能安心編織夢幻遐想。

伊妲遇到一個對她一往情深的男人後，她變得害怕了，於是運用了另一種自我保護策略。讓我們姑且稱這叫「挑五種毛病」策略吧。她會注意到這男人的褲子有點太短了，並覺得這樣很丟臉。或她很在意他大腿很粗，心想著：「大腿怎麼這麼粗呀？看得我一點『性趣』也沒了。」也可能是其他一些小細節忽然變得很重要，成了大問題，於是她就這麼立刻甩了他。

伊妲經常說想找個對象，她本身卻沒意識到自己其實有多麼害怕。和某個可觸及的特定男人展開一段感情關係，也等同於捨棄她夢想中的

所有其他可能的男人。此外，她所選定的男人必有他的局限，他必有為他自身而活的需求和渴望。只要你幻想著美妙而遙不可及的男人，不可能的事就透過想像而變得可能，也就是無限量、無條件的愛。

桃樂絲也有類似的模式，她和伯爾特結婚多年，卻從未達到她所需要的親密程度。她剛開始接受心理治療時，滿腦子想的都是他的不對。但後來，她發現每當他向她親近或示好時，她自己都使用了「挑五種毛病」策略——而在那種情形下，她很容易就開始吵架。

原來是桃樂絲很害怕在情緒上依賴丈夫，在情緒層次上照顧自己能為她帶來安全感。這麼一來，她就不需要太害怕失去他，也就不需要害怕自己和他在一起時無法守住分際。等到蘇菲雅、伊妲和桃樂絲敢勇於去感受並承認自己其實有多麼害怕的那一天，個人的成長就能展開了，她們逐漸能解除某些策略，不再因為這些策略而錯失她們所尋求的東西。

為了不想傷心，而讓自己絕大部分的感情生活只存於幻想裡，並以某種方式逃避親密的感情關係，只是我們保護自己諸多方式的其中一種。接下來，我將指出其他一些你試圖保護自己時所可能掉入的陷阱。

選擇不肯敞開心房的人做為伴侶

有些人一再嘗試交往的對象，可能是沒有什麼東西能給予的人，或可能是對親密感和溫暖既沒有渴求也沒有天分的人。

他們之所以心動，可能是幻想著這個冷漠的對象內心一定對愛和溫柔存有極大需求，他要是得到了一定很高興。

拯救別人的概念，可能會提供一種虛假的安全感，因為你相信你若從黑暗中拯救出某個對象，對方一定會很感激、很快樂且很依賴拯救他的人，這樣你就能確保自己永遠不會被遺棄。

可是最常發生的典型情形是，就算公主吻了青蛙，且吻了很多年，青蛙仍然沒有改變。不然就是確實改變了，結果帶著這份新自信出去闖蕩，另結新歡了，畢竟你怎麼有辦法忍受和一個你虧欠這麼多的人生活在一起？

這個陷阱在於，愛情和安全感，你兩者都想要。結果很常見的情形是，什麼都想要的人，最後往往落得一場空。

等待完美對象

有些人長年來感情生活都一片空白，某天卻忽然遇到能心靈相通的人，這是有可能發生的事情。

但堅持找個百分百契合的人，多半是一種不切實際的理想，且是一種自我保護策略。如果你願接受一個百分之五十一契合的伴侶，那麼你在感情關係中的契合機率將大幅提升。此外，有可能會發現，如果我們願意把自己交付給一個「真命指數」百分之五十一的人，對方的「真命指數」將持續成長，我們也會因這場邂逅而改變，於是某種全新的事態頓時變得可能了。如果伴侶雙方都勇於更投入這段關係，並給這段關係機會，那麼某個起初只算差強人意的人，最後說不定便成了「真命天子／天女」。

另一種獲取安全感的方式是把自己變成「對的人」，這將在下一段探討。

拚命想成為「對的人」

很多人終其一生都在拚命想變得夠好，大多人心中的「夠好」意味著必須要好到別人一定不會拒絕他們，意味著他們明天仍會被愛，且永永遠遠被愛。這計畫打從一開始就注定要失敗，想在感情關係中變得保證夠好，是一種幻覺，這是一種並不存在的安全感。

沒有誰能確保自己所愛的人永遠不會改變喜好，或永遠不會轉換人生方向。**因為人生是千變萬化的，我們永遠都在改變中，而箇中的訣竅就是要勇於活在當下，並順勢而為。**

如果你堅持扮演那個「對的人」的角色，便很難真正活在當下，因為倘若想和別人形成充滿活力的良好互動，必須雙方都勇於做自己，不論做自己時是好或是壞。

如我們先前所見，人可能會運用很多種不同的無意識策略來避免悲傷和痛苦。可惜的是，這些策略往往也恰恰阻礙了你內心最深切渴望的事物。以下，我們來看看一種往往衍生出很多種自我保護策略的基本策略。

很多人在內心所勾勒出的父母和自身童年圖像，是把現實情形加以粉飾美化過的。如果你眼中的父母是理想中的完美人物，而非他們從前或現在的實際凡人模樣，你便會疏遠現實，這樣可能會讓你在人生中較不順遂。

CHAPTER

5

把父母理想化的危機

有些人對自己童年和父母的記憶是經過大量修飾美化的。

依蕾絲初次來接受心理治療時，深信她童年時期家裡一點問題也沒有：「我不明白為什麼我的人生一路走來這麼艱辛，我童年時期明明很幸福。我爸媽非常愛我，我媽媽是家庭主婦，家裡隨時都有人在，真的讓人很有安全感。我童年時期非常有安全感，現在居然和你一起坐在這裡，似乎有些尷尬，這事沒人知道——尤其千萬不能讓我爸媽知道。」

沒有誰的童年時期只有好事沒有壞事，天下沒有完美的父母，我們人人都受過或大或小的傷害，有些人認為自己的童年時期只有好事沒有壞事。

依我的經驗，一個人在描述自己童年和父母時使用了多少「最棒、最好」這類的最高級形容詞，和她童年時期實際的不愉快程度，兩者之間是有相關性的。

以依蕾絲的案例來說，後續的心理治療過程顯示，她童年時期其實缺乏愛和真正的關懷。

「關心」有兩種

童年時期過得大致良好的人，並不需要特別強調自己童年有多好。他們談到父母時，會語帶溫情和感激，他們能夠輕鬆談論哪些部分很好和哪些部分較困難。

堅稱自己童年只有好事沒有壞事的案主，經常使用以下這句話來描述自己的父親和母親有多麼無懈可擊：「他們總是非常關注我。」這時候就可以來談一談「關心」在親子關係中究竟意味著什麼。

關心可分為兩種。

你可能很**關注**某人過得好不好。比方說，我可能很關注我伴侶過得好不好，因為那會影響到我的心情、經濟狀況和社會地位。而所有父母都很關注自己的孩子過得好不好，這麼一來，他們就能覺得彷彿自己是好家長，他們從孩子的快樂中感到喜悅，對子女感到驕傲。你在關注人時所用的態度，也有可能如同你在關注某種你想取得以做為他用的物品。

帶著**關懷**去關心你孩子（或你伴侶）的內心感受，就另當別論了。有心想要盡可能理解別人，想要探索並發覺別人獨一無二的性格，想要設身處地從別人的角度和觀點去瞭解他們的內心世界，以上都和關注迥然不同。

某次心理治療進行了相當一段時日後，有位案主告訴我：

我現在能看出我成長過程中被當成了一個物品，沒有人有心想知道我內心是什麼模樣，沒有人問過我內心深處想要的是什麼、盼望的是什麼。我父母表現得好像他們早就知道，卻從不曾探索過我是個什麼樣的人，我也努力扮演那個他們早早就認定了我該是誰的那個模樣。

她漸漸能夠回想起並感受到童年時期的寂寞，並為了自己開始投注更多心力欣賞自己：先是不再企圖當她父母眼中的那個人，接著是釐清自己到底是什麼樣的人。

關注──關懷

進行心理治療的過程中，有名女子很痛苦地意識到，她自己身為母親，竟然對孩子的關注多於關懷。一如她所說的：

我成為人母後，非常害怕自己不夠好。我每每看著兒子，就忍不住一直想看有沒有什麼跡象顯示我是不是夠好了。如果他心情不好，我就認為這代表我不夠好，而且我無法忍受看到他心情不好，於是會千方百計逗他開心，這樣一來，我便沒有什麼餘地可從他的角度設身處地關心

他的內心狀態。

每當我和案主聊起他們的童年時期，他們經常變得非常在意自己的教養技巧，發現自己的缺點後又非常難過。這往往是一種自我保護，是為了防止正視父母的過錯，畢竟把注意力放在自己的過錯上還是比較好受一些（他們從小到大向來都是如此）。

這麼一來，他們就能把心中爸爸和媽媽的形象多維持久一些，因為就算他們發現爸爸和媽媽不如他們原先想的那麼完美，爸爸和媽媽的過錯比起自己的過錯，還是微不足道呀！

這並不表示對自己身為家長的角色進行一番檢視不是件好事，說不定還正好可利用他們的新認知來增進和子女間的關係。**但是千萬別讓罪惡感壓垮自己，別忘了天下沒有完美的父母，也沒有子女能毫髮無傷。**

而且這也是件好事，擦傷和瘀青往往提供了成長的好機會，而且一定程度的對立性對兒童和青少年也是好事。這有助於讓他們變得更成熟，他們能藉此發展自己的某些面向，這些面向若非因為這種機會出現，可能會一直沉睡著。

讓子女獲得比我們自己以前得到的再稍微多一些，其實是一種了不起的英雄舉動。因為給予某種自己所不曾擁有過的東西，這本身就非常困難。如果我們成功了，我們就是讓我們家族朝正面方向更進一步了。假如相信你身為父母就永遠是對的，等到現實真相大白的那一天，你便注定要失敗和崩潰了。

每當我質疑案主心中的父母形象時，他們經常變得非常慌張和易怒。光是談論這件事就可能令人非常不舒服。

「我覺得自己很不孝」是我在這種情形下常聽到的一句話，這是個危險地帶，將父母理想化，往往是一個人自我保護策略架構的一大主要梁柱。

為什麼不能把他們對父母的理想化放著不管呢？因為將父母理想化需要付出昂貴代價，如果你無法認清你父母從前或現在的真實模樣，你便無法認清你自己。

理想化的父母形象，可能從兩方面影響你在你自己心目中的形象，接下來將進一步探討這部分。

把父母理想化與把自己理想化

我們之所以想像父母無所不能，有可能和我們認為自己也無所不能有關。有這種自我認知的人，往往傾向於相信自己在人生中所遭遇的困難，都是別人或外在際遇所導致，說不定是別人嫉妒他。他認為，也可能是自己選擇伴侶時運氣不佳，或遇上很糟糕的老闆，使他有志難伸。

他甚至可能覺得，若不是他太太有這麼多麻煩，他老闆這麼不通人通人情，或要不是外在際遇有出任何差錯，他此刻一定能很快樂、生活很幸福。

他最重要的自我保護策略是投射，他不承認自己某部分有問題，反而認為負面的事情統統出在別人身上。

我在心理治療上，極少遇到對他們父母或對他們自己有這種認知扭曲的案主。他們根本不覺得自己需要接受心理治療，然而，我經常會遇到他們身邊的人，例如妻子、丈夫或子女。他們日子過得很辛苦，經常受低自尊所苦。他們往往在不知不覺中，背負著那個自我理想化的人的黑暗面，這黑暗面是自我理想化的人所不敢感受或承認的。

把父母理想化與自我貶抑

將父母理想化也可能和自我貶抑有關，既然爸爸和媽媽沒有哪裡不對，為什麼我會覺得不對勁呢？答案似乎是「因為我不夠好呀！」這下子，你把你父母想成比實際上更好，而把你自己想成比實際上更差了。

有些人用低自尊和對自己的不好想法，來維繫爸爸和媽媽在自己心目中好父母的形象，也為此付出不少代價。可以說「我不夠好」的心態，保護了將父母理想化的做法，而這又轉過來保護當事人，讓他們免於感受到自己所得到的愛不夠，或更糟的，自己根本未能得到愛，而這曾經是一種很好的策略。

不過長大成人後，我們大多人都有能力承受不被愛的感覺了。我們敢在內心感受這種情緒以後，就能卸下許多自我保護的「幌子」，不再因它們而遠離我們的人生和我們自己。

有些人會在這兩種極端之間來回擺盪，某些時期他們覺得自己無所不能，某些時期又覺得自己一文不值。

這兩種陷阱顯示著你重複童年模式的方式有兩種，比較積極的形式是，你認同你父母的做法，並以你父母對待你的方式對待別人。比方說，如果你父母一天到晚批評你，你長大成人後也會批評別人。

你也可能以比較消極的形式重複童年時期的模式。這種情況下，你會常和批評你的人相處在一起，他們批評你時，也不會遇到任何認真的反抗，因為你扮演這種角色時感到比較熟悉且自然。

如果你以消極或積極的形式重複你父母的模式，只要你對所發生的事是無意識的，你就是在默許這種模式，你在保護你父母的行為，不讓這些行為受到質疑和批評。

我將在下一段進一步談談，將父母理想化，何以曾經是面對困難情境時的良好解決之道。

當我們竄改現實

很多孩子在成長過程中，由於父母在情緒層面上缺乏很基本的要素，這會使孩子盡一切努力避免去檢視父母的缺點。這麼做的原因有兩個。

其中一個理由是，年幼的孩子把自己視為父母的一部分，基於這個理由，孩子對父母的感受必然是好的。

另一個理由是，光是想到負責照顧孩子福祉和生存的兩個成年人，居然可能缺乏為人父母的能力，這想法對年幼的孩子而言實在太可怕了，因此很快就會被壓抑下去。孩子反而會在內心替爸爸和媽媽塑造出一種很強壯、很有能力且很關愛的形象，就算事實並非如此也一樣。同時，如果出現與此相反的跡象，孩子會視而不見、充耳不聞。

這類策略很適合很年幼的孩子，因為他們仍太脆弱，仍無法面對這麼可怕的現實。孩子透過這種方式彌補這些缺陷，在內心幻想世界中塑造另一個現實，從中獲取所需的安全感。

如果長大成人後，你繼續相信自己的知覺，而不那麼相信你生活中的現實情形，這時問題就會浮現檯面了。**如果你將你父母理想化，對他們較不有利的面向充耳不聞、視而不見，那麼你在面對你子女或伴侶時，多半也會採取相同態度。**這樣一來，你將依然毫無抵禦力且非常孤單。

有名女子一輩子以來都相信自己的幻想，而不那麼相信自己在當下的感覺，她在一段漫長心理治療過程告一段落時驚呼：

> **太震驚了，我回想起來，發現我居然和一個男人維繫了一段很長的感情關係，卻一次也不曾好好檢視他到底是不是喜歡我，更別說他是不是愛我了。我只告訴自己：「他當然喜歡我囉。」但現在把現實看得更清楚後，我發現其實並非如此。**

如果引導著你的，是你自己的想法或想像，而不是你對現實生活情境的實際感受，以上例子便說明了情況可以變得多糟糕。

在下一段會舉個例子說明，自我保護策略會如何浮上檯面，重挫你的感情生活。

重複孩提時期的策略

你在生命早期可能作過許多決定，現在已不復記憶。一位中年男子曾說：

我很小的時候，曾經決定我要自己照顧自己，不要依賴其他任何人。我作這個決定的時候，我看不出來我還有什麼別的選擇。

不用過多久時間，這類決定就會變成無意識的，性格中與這決定互有衝突的部分，也會從意識中被抹除。過了不久，他就忘記了自己曾對愛有渴望，且深深希望和別人親密交流。

自我保護策略大多於童年時期的早期形成，年幼的孩子遇到困難情境時，能想到的最佳辦法往往就只有這樣了。後來自我保護策略變成無意識，每當我們進入一個類似童年時期某個未能化解危機的情境時，自我保護策略就會自動啟動。

以下即是一例。

瑪莉亞不明白為什麼男友以關愛的方式迎向她時，她有時反而會兇他。答案就在當初自我保護策略形成時的某個情境，必須對該情境加以重新檢視、處理，並以一種新方式重新描述。

瑪莉亞原本的描述方式類似這樣：「在內心深處，我覺得自己不值

得被愛，但只要我不讓別人靠得太近，他們就不會發現這件事。」

她自己並未意識到她以前曾疏遠別人，但一旦開始檢視如今所使用的策略後，這個決定很快就浮現檯面。瑪莉亞重新檢視當初形成自己敘述的那個情境後，她很快就整理出一個實際許多的說法。瑪莉亞的新描述方式如下：

我曾經是個需要協助的孩子，我父母卻缺乏協助我的必要技巧。我當時是個再平凡不過的孩子，遇到了難關，於是努力想解決一些任何不論多聰明的孩子都沒辦法獨力解決的難題。

如今我長大了，再也不需要以從前那種攸關生死的程度依賴別人。人生不再那麼危險了，如今我已能夠嘗試著和別人多靠近一些，看看我是否能自在地多放開自己一些。

瑪莉亞的新描述方式，讓她更有自信和勇氣去作出新的決定，亦即從現在起，她會練習讓她身邊的人更靠近她。

如果成年後並未重新檢視自己的自我保護策略，後果不堪設想，以下再舉一例。

當我們違背自己的情感

不確定自己是否被愛的孩子，很容易站在父母那一邊和自己作對。這類孩子如果挨罵了，你事後常可聽到他們一天到晚用和父親或母親一模一樣的字眼繼續罵自己。孩子這麼做的時候，是認同了父母，這樣能讓孩子覺得自己像是和父母站在同一陣線。

你和自己作對時，你是非常孤單的，但對很年幼的孩子來說，背棄自己，仍是勝過失去和父親或母親的那攸關生死且不可或缺的連結。

要是我們生命中很重要的人將他們的怒氣指向我們，而長大成人的我們也立刻和他們站在同一陣線，也就是和我們自己作對，這時就會出問題了。我們會變得毫無抵禦力且非常孤單，又有誰和我們站在一起呢？

我們可能並未意識到，自己竟那麼容易就和別人站在同一陣線而跟我們自己作對。如果生命中很重要的人對我們有所不滿時，我們可能只會當作是我們自己心情不好。

我很訝異，在心理治療過程中，我居然遇過非常多人一天到晚罵自己或說自己的壞話，自己卻渾然不覺。有個問題，我常一而再再而三地問：「那當下，你自己心裡怎麼看待你自己？」案主的回答有時候是一句貶抑或非常不好聽的評語，連自己聽了都大吃一驚。

當然，不時自我反省是好事，別人對你的言行或舉止有所不滿時，有時候也不得不承認他們說得有道理。**但是當自我批評或自我責怪變成一種不分青紅皂白且不自覺的行為，令你心情不好，而你又無法控制它時，這樣就不**

對了。

和別人站在同一陣線一起跟你自己作對，是一種叫做「認同施暴者」的自我保護策略。它就像將父母理想化一樣，能保護自己，隔絕孤單的感受，和隔絕覺得自己不被愛的感覺。但長大成人後，這可能在你的感情生活中造成問題。

對於接下來這個例子中的賈爾德來說，問題在於，他接二連三和不珍惜他的女人交往。比方說，他的前女友交代他替她辦各式各樣的差事，彷彿這樣很理所當然。她交代時甚至口氣頤指氣使，他來她家中時，她也沒泡咖啡請他喝。他那些朋友所交往的女人們，既溫柔體貼，又精心打扮自己容貌和費心準備餐點，令他非常羨慕。

賈爾德繼續經歷了一段又一段差強人意的感情，最後終於著手處理童年時期的一場創傷。賈爾德說：

我記得小時候曾遭毆打，但不記得那是什麼感覺了，我只隱約記得自己設法讓自己的情緒變得麻木。

在心理治療過程中開始談這些往事以後，我的回憶變得越來越清晰，接連幾個星期下來，也開始越來越靠近我當時的感受。我開始能感受到，身為一個小孩子，卻被自己所愛和所信任的人毆打是什麼感覺。

那就像一場噩夢，夢中的太陽就快從天上消失，月亮則以駭人的速度墜向地面，絲毫沒有較平和的情節。在噩夢中，我發現我自己有一部分站在父親那一邊，認為受到這麼慘痛的對待是我自己活該。我放下了這結盟（認同施暴者），便接納了當時身為小孩子的自己。說起來，我當時是個太想要求生存的小孩子，不惜助紂為虐，以保有和自己父親有所連結的那種不可或缺的感受。

事後，我可以對自己說些大人當時該對我說的話，亦即當時有問題的人並不是我。當時發生在我身上的事是不對的，而那是大人的責任，不是我的責任。

我答應自己再也不要迎合別人虐待我自己。

某段時期，只要有人用不友善的語氣對我說話，我就會強硬捍衛自己。現在我比較能拿捏平衡點了，我能接受別人有可能當天心情不好，因而沒有餘力善待別人，他們出發點並非衝著我來的。但我變得比以前更懂得尊重自己了，而且我不會再投入讓我覺得自己不受重視的感情關係。

有過遭言語「毆打」經驗的人，對賈爾德的敘述應該也很能感同身受。在兒時遭你所愛的人毆打，對你自己的價值感是極具破壞力的。如果你為了保護你內心裡好家長的形象，而「忘掉了」這個事件，你並不會尋求必要的協助，恐怕一輩子都會任由你自己繼續被毆打，而不會好好捍衛自己。**因為在內心深處，你所掩蓋的這些經驗，在不知不覺中醞釀著一個信念，即你不**

配獲得更好的待遇。

如果你在童年時期，被當成一個「東西」看待，沒人有興趣傾聽你內心想法或和你交流，你很可能到了現在也會允許這種事情發生。這種情形下，你是以消極方式在重複著童年時期的模式，你是在長大成人後繼續扮演著你身為孩子時的相同角色。

情況也可能恰恰相反，也就是你對待別人時，把別人當成東西看待，就像以前你父母那樣。這是以積極方式重複兒童時期的模式，這麼一來，你自己曾受過的苦，如今加諸到別人身上了。比方說，你有可能把你的伴侶當成了工具，而非你試圖建立感情的對象。譬如說，對方有可能成了你逃避童年痛苦的一種手段。你對你伴侶的期待，或你整體而言想從感情關係中獲得的東西，可能會不成比例。我將在下一段多談談這部分。

不由自主地向伴侶尋求孩提時代匱乏的事物

如果你還沒處理傷痛並讓自己釋懷，或者還沒放下你童年時期未能從爸媽那裡獲得的東西，你通常會堅持要從你配偶身上獲得這個東西。你本身多半不會意識到這背後的機制，只會對你伴侶感到很深的挫折。

你對這機制越是缺乏意識，恐怕越會開始挑你伴侶的毛病，完全忽略了對方也有權利依他們自己的想法做他們自己。

簡言之，這機制就是你堅持要擁有比既有童年更好的童年——你伴侶必須彌補你所欠缺的，並透過這方式，確保你不會再感受到空虛。倘若你的伴侶做不到這一點，所有憤怒和不滿都將指向他，你將表現得像個哭鬧不休的嬰兒。

漢娜是這麼說的：

我開始進行心理治療時，剛走過一連串都撐不滿一年的戀情。我很擅長主動出擊認識男人，「熱戀」階段幾乎總是沒什麼問題，屢試不爽。到了「朝夕相處」的時候，我總是會感到內心空虛，空虛到我無法忍受。譬如說，有可能我男友決定和別人一起去做些什麼事，剩下我一人時，我就覺得自己像被排擠了，我徹底崩潰，大哭且暴怒。我幾乎控制不了自己，心想：「妳都已經有男友了，不可能還感覺這麼糟吧。」我想要讓我男友心生罪惡感，我真的很壞心。我有時候一個晚上就打十通電話給他，或大肆發洩我的挫折和憤怒，鬧得他整晚不得好眠，我偏偏一點也沒辦法從他的角度來看事情。

現在回顧自己從前的行為，我覺得他們任何一人能在我身邊待那麼久都很不可思議。

漢娜拋開了將父母理想化的心態，也不再那麼苛求伴侶後，隨之而來的是深深的哀痛，替她現在所過的無愛生活感到哀痛，也替她情緒未受到照顧的童年感到哀痛。

但比起從小到大所經歷過的長期傷痛，這哀痛並沒有那麼沉重。在哀痛的過程中，她很久沒有感受到自己這麼有生命力，她也感到自己更能真實地處在自己的感情關係中。她發現從淚水到歡笑的距離居然可以非常短，也感到和自己身邊的人分享這些情緒，能散發出非常強的活力。

在我們的文化中，我們多半以為哀痛是沉重、黑暗又揮之不去的。**事實上，哀痛有時反而是溫馨、伴隨著淚水且暖心的。**

從更實際角度看待父母

重新檢視或察看你和你父親、你母親的關係，或你自己的童年，是很多人都很抗拒的事。如果童年時期過得不愉快，仔細檢視自己的過去可能令人很不舒服。

不過，如果你能克服自己的抗拒感，可能對你有很大的好處，因為越能夠以實際的角度看待我們父母和我們自己，我們就越能夠投入親密的感情關係中，乃至於面對整體人生。我們越能和自己相安無事、越能泰然自處，就越有機會發覺將能賦予我們人生意義和圓滿的事物。

我們用來面對別人的策略，是我們年幼時面對我們最親近的照顧者時形成的。我們父母越不懂得照顧我們和教導我們適宜的人際關係技巧，我們長大後就會有越多自我保護策略。

反觀我們拋開某個自我保護策略時，感覺起來將有如一種解放，將為人生注入新希望和動力，以下賈爾德的例子即是如此。開始處理和有問題的父親間的關係時，賈爾德已經五十多歲了。關於漫長心理治療過程尾聲時所發生的重大突破，賈爾德的敘述如下：

雖然我父親懲罰我們小孩子的手法很重，我內心深處還是一直深信，他是愛我的。我還記得我的治療師質疑這信念時的模樣，她就坐在我面前，悲傷又極為嚴肅地望著我，我則提出一個又一個的論點，想證明我的信念是正確無誤的。

治療到一半，她說：「你似乎非常慌張，為什麼會這樣呢？」我感到內心完全掏空了。接著，我身體開始顫抖，淚水決堤了，彷彿我身體比我腦袋搶先一步明白了。接著，我感到解脫了，那感覺就像，在那當下，我找回了某部分的自己。

如果現實真相很可怕或純粹令人不舒服，我們經常會想逃避它，但正視它卻可能帶來很大的解脫。

把父母理想化有礙建立親密關係

我們父母以他們能力所及的方式教導我們什麼是愛和感情。如果我們並未有意識地刻意決定我們要如何和別人相處，我們的行為方式多半將會和父母一樣，我們對自己的說話方式也會和他們對我們說話的方式一樣。在情感層次上，我們的言行舉止也將大致和父母相同，畢竟這些都是他們教我們的。

接著，我們多半也會找一個對愛和感情的態度與此大致雷同的伴侶。不管怎麼說，這樣感覺起來都會比較熟悉且安全，我們應對起來也較容易。

如果有人在情緒層面上能做到父母所無法做到的事，避免和這樣的人展開戀情，也可能是一種自我保護策略。如果我們和一個能做到我們父母所不能之事的對象交往，我們就非學習新事物不可了。而且我們也將必須從新觀點看待我們父母了：因為他們做不到，所以過去並未教導我們愛和感情關係這些重要事物。

將教養技巧不足的父母理想化，能讓年幼孩童有一種安全感，而這對孩子的心理健康是極度重要的。然而，這種理想化的心態，卻恰恰可能使成人的感情生活出問題。

努力更明確、更仔細地釐清和理解父母以前和現在到底是什麼樣的人，是一門一輩子都做不完的功課，就像我們對自己的探索和瞭解也永無止境一樣。

理解是一層一層循序漸進的，我們可能以為自己對真相已經通盤瞭解了，直到某天，我們忽然對自己人生有了更深刻的體悟。於是，回顧起來，我們發現起初以為自己已經瞭解的事，其實只是冰山一角罷了。

體悟越深刻，就越有解脫釋懷的感覺。所以，就算我們之前已處理過某個難題或課題，把它重新審視一遍往往是非常值得的。以我們和父母之間的關係這種這麼重要的人生層面來說，更尤其是如此。

不過，如果我們希望改善自己的人際關係技巧，第一步要先檢視我們此時此刻的策略有哪些。

不見得非得回到過去和釐清你與你童年時期最親近照顧者的關係，有些時候，你可以只改變現在的些許習慣，著手改變不適宜的模式即可，不論這些模式是思想上的或是行動上的。

如果這種以現在為出發點的方法未能奏效，還是可以選擇深入追溯這些模式的根源。一路上有可能很艱辛，要披荊斬棘。但依我的經驗，只要你小心翼翼朝當初策略成形的情境追根究柢地挖掘，多半行為與心情上，都能有煥然一新的改變。

在下一章，我們將看看，不再有自我保護策略妨礙我們接觸自己的內心時，是什麼樣的感覺。

CHAPTER

6

徹底察覺自己的情感

清楚知道自己的感受為何，對於在人生中航行有很大的助益，對人際關係尤其有益。但全然意識到自己當下的感受，究竟是指什麼呢？

你可以透過以下三種方式全然意識到某種情緒的存在*：

- 透過你的身體
- 它如同一種衝動（欲望）
- 透過你的理解

以下以焦慮的感受舉例說明：

- 以我們身體來說，譬如，我們會感到自己在發抖
- 衝動可能是一種想要尖叫逃走的欲望
- 透過理解，我們知道自己很害怕

讓我們以憤怒的感受再舉一例：

- 身體方面，我們感到發熱，或許還有顫抖感
- 衝動方面，比方可能有想揮拳揍人的欲望
- 透過理解，我們知道自己很生氣

如果是喜悅：

- 身體上，內心有一種心花怒放的感覺
- 衝動上，可能頓時很想要高聲隨興唱歌
- 透過理解，我們知道自己很高興

基於自我保護，你可能壓抑了某種特定類型的經驗。有些人一點也不注

＊不過，如果這三種方法都無法讓你感受到某種情緒的存在，未必是自我保護策略所導致。有可能是因為其他的原因，譬如你還不瞭解那種情緒。

重自己的身體，而特別專注於頸部以上的經驗；有些人則難以理解自己的感受；還有些人則無法察覺到自己有什麼欲望。進行心理治療時，我發現最無意識的，通常是衝動，是伴隨著情緒而來的欲望。

這裡頭隱藏著大量的羞愧感，比方說如果你想要坐到你老闆大腿上以博取注意力，或想色誘年紀比你小三十歲或已有交往對象的人，你可能會感到尷尬或羞愧。

人經常會很想要壓抑或否認這種欲望。

有些人擔心萬一放任自己徹底去體驗這種欲望，恐怕會一發不可收拾。但感受你的欲望，並保留一些空間給和這欲望相關的遐想，並不是一件危險的事。**你越懂得處理自己的欲望和渴求，你失控的機率就越低，越不太可能做出一些你覺得不對或尷尬的事。**

當然，欲望是憤怒時，可能會是一種很嚇人的感受，憤怒很強烈時尤其如此。如果你的欲望是想要為了某人而毀掉某個東西，或傷害別人，你可能會心生很深的罪惡感。然而這是沒辦法的事，因為你無法主宰自己的欲望，並不是你叫它不見就會不見，你頂多只能壓抑它，但它也不會因為這樣就變得不危險了；恰恰相反，**你無法為了你所無法影響的事物而感到罪惡**。關於影響力為何是罪惡感的先決條件，我的書《高敏感是種天賦：肯定自己的獨特，感受更多、想像更多、創造更多》有更深入的探討。

就感受而言，你最好接受它們既有的模樣，並且把三種體驗類型統統納入你的全然意識中。接著你將會發現感受本身並不危險，我們在生活中行動時能自行決定是否要聽從某個欲望，如果我們的良知不允許，或覺得那樣太尷尬了，我們也大可選擇不從。

這種衝動中蘊藏著很有用的資訊，如果你很想要揍別人一頓，經常是因為你感到你被「打」了，你可利用這份知識來更深入瞭解自己。

如果你從三種類型中都能察覺到自己的情緒，你就是全然意識到情緒的存在，且你很靠近你內心的現實。但有可能你所察覺到的情緒是次要的，它掩飾了另一種感覺，而這種感覺更能反映你當下的感受，而且如果你願仔細檢視它，你將能再更靠近自己。

舉個例子的話，或許可以是憤怒所掩飾的恐懼。如果女兒過了事先約定好的時間才回到家，父親責罵她時，心中很可能是恐懼多過憤怒，不過他當下感受到並表達出來的卻是憤怒。如果他能允許自己去感受，晚上躺在床上睡不著而一直等女兒回來時，他心中有多麼害怕，他將能更靠近他自己。如果他敢勇於把這些事告訴女兒，他也將更靠近她。

我們很多人覺得，把空間留給憤怒還比較容易些，留給譬如恐懼和未知則反而比較難。

情感會相互重疊、遮蔽彼此

憤怒的特徵是它會位處在最上層，會掩蓋住其他感受，這種現象在男性尤其明顯。憂鬱的男性就算主要感受為悲傷或無力感時，他們所感受到的和表現出來的往往是憤怒。憤怒是一種強而有力的情緒，憤怒時，我們會想要拚搏。問題在於，我們想要取得的東西靠憤怒是得不到的。或者，可能我們最需要某些人的關心，憤怒卻會令這些人退避三舍，而我們對此渾然不覺。憤怒卻敢勇於感受內心情緒，並表達出自己感到多麼無力和難過的男人，能引起別人的關心，比起受困於憤怒中的人，他對自己的感覺多半也會比較好。

焦慮感也可能是一種位於頂層的情緒，所掩蓋的是遭到禁止的喜悅、強而有力的憤怒，或純粹只是你和自我形象間的衝突矛盾。焦慮感也可能以貌似悲傷的形式呈現，因為伴隨著淚水。

就算你已全然意識到某種感受的存在，有時候仍能透過詢問自己，這感受是否掩飾了某種此時此刻對你而言更至關重要的東西，進而再更靠近你真實的內在自我。關於如何能更精確覺察並知道你當下的感受，可參閱我的著作《情感指南針：如何把你的感受想得更透徹》。

在下一段，我們將舉例看看多種感受如何層層相疊，且如何因為「退化」這種自我保護策略的緣故而難分軒輊。

退化

焦慮感或恐懼變得太強烈時，我們有時會以退化做為應對之道。退化指的是我們回頭去使用主要於人生發展早期階段所使用的某些策略。在退化時，你會感到自己幼小又無助，或許還會像個飢餓的嬰兒那麼憤怒。退化乃是發生於你無力招架且放棄了成年策略的時候，這是一條逃避現實的路徑，我們逃避身為有責任且有選擇權之成年人的事實，暫時遺忘了我們所知道的一切方法。退化的相關肢體語言，例如坐在椅子上往下癱滑（變得較低矮），淚水在眼眶裡打轉（求助），或者大白天卻跑去床上窩著不想動。

依蕾絲是個感受層層相疊的好例子，她進行心理治療時掉了很多眼淚，但她的淚水並不特別深刻，看起來並沒有太多釋懷作用。每次她一哭，我反而覺得自己被疏遠了，原本以為她就快要觸碰到真正的傷痛了，結果她的淚水其實是一種退化。在退化的外表下，潛藏著憤怒，而在這憤怒下，有著一股深度層次迴然不同的悲傷。

事後，她是這麼描述的：

我以退化做為應對之道時，有時會一連哭上好幾天，彷彿我墜入了深深的絕望和無助。同時，我又對我認為此刻應該陪伴在我身旁卻不在的某人或多人，感到強烈的憤怒。我心情平復後，改採用不同的對策，開始採取行動，立刻就感到好多了，不過事後回顧起自己先前的反應，不免有一點點難為情。

像依蕾絲這樣的人「躲入」並受困於退化的策略時，他們面對世界的生活方式便起了全面性的變化。你成年的「自我」全然或局部放棄了主宰，某方面來說，一切變得簡單且容易些，變得更非黑即白，不再區分得那麼細了。你退化時，經常由你身邊最親近的人接手處理難題。

退化持續的時間，從短暫片刻到整整一輩子不等。**走出退化的方式，是提醒你自己，童年時期已經結束了，人生不再那麼可怕了。**成年人在無人荒島上大可生存好幾十年，所以遭到嘲笑或排擠，不再攸關生死。身為成年人，你可作出新的不同選擇，而且有很多種選項供你挑選。面對難題，如果你想不出任何合適的出路或解決之道，你隨時都可以尋求相關的專業協助。

CHAPTER 7

解除不適宜的自我保護策略

一旦揭露了某種自我保護策略，它多半自動就會停止運作。它之所以有祕密力量，恰恰在於它是無意識的。如果你發現到你憑著某種自我保護策略在欺騙自己，該策略在被發現當下就會立即失效。

接下來這段時期，人會經驗到痛苦，有時候也會感受到更濃烈的喜悅。這其中可能伴隨著困惑和不舒適，他們可能有點覺得自己彷彿在叢林裡迷路了。大多人覺得自己宛如登山時在叢林裡探勘得太深入了，但有可能其實是他們踏進叢林前，就從更遠的地方迷失了。

這本書一路閱讀下來，想必你已經越來越意識到自己的自我保護策略，也發現自己越來越靠近自己內心的痛苦。不過有時候，自我保護策略的當事人卻是最後一個看清實情的人。我們有時候需要外界的協助，才能察覺到我們當下是如何對待自己。

透過心理諮商正視自我保護策略

在心理治療過程中，你借用了治療師的關注，所以一共有兩人一起檢視你人生中的策略。此外，我經常鼓勵案主將我們的對話錄音或錄影記錄下來，這是我們這個時代的絕佳優勢，讓我們得以從外在看到我們自己，並評估我們此時此刻的做法看起來好還是不好。

這種提升注意力的方法，在離開診療室後也能使用。如果你和某人經常為某件事起爭執，你若把爭執過程錄影下來，就能一起和對方研究這段影片，很可能會讓你們雙方都大開眼界。

在心理治療過程中，會特別把關注焦點放在你如何處理你自己和你內心。某些思想學派尤其關注自我保護策略，但就算心理治療過程中不特別關注自我保護策略，你還是可能發現，隨著你越來越有安全感、越來越能接觸到你自己，這些策略的力量也越來越薄弱。

第二章曾提到的馬汀，他母親無法照顧並承認他的感受，現在讓我們假設他已長大成人了並尋求了心理治療，因為他太太抱怨難以靠近他。

如果治療師運用的是一種專注於自我保護策略的治療法，他將會設法釐清馬汀使用的是何種自我保護策略。他將會告訴馬汀，他當下看到的是什麼情形，漸漸地，隨著馬汀察覺到自己的策略後，策略的力量就會退去。

以下對話摘自一段心理治療，過程中，治療師所運用的治療法是所謂的「短期密集動力心理治療法」（intensive short-term dynamic psychotherapy），是把關注焦點放在自我保護策略的一種治療法。

治療師：你現在最想做什麼？

馬汀：不知道。

治療師：你有沒有注意到，你幾乎沒在呼吸？

（暫停呼吸是一種有效的內在心理的自我保護策略，我們怕某件事可能會很痛苦時，經常會無意識地這麼做。）

馬汀：喔，對耶。（深呼吸，並莫名地哈哈大笑）

治療師：你在笑？你現在最想做什麼？

馬汀：（撇開目光）

治療師：你有沒有注意到你撇開了目光？你現在的感受是什麼？

馬汀：（沉默）

治療師：你雙手握得很緊。

馬汀：（沉默）

治療師：你在生氣嗎？

馬汀：也許吧。（撇開目光）

當自我保護策略的力量減弱後，治療師知道下一層會遇到的通常是憤怒。

從上面對話中我們看到馬汀的憤怒初步浮現檯面了，他那些自發的自我保護策略被揭開並明確描述出來後，力量越來越薄弱了。

治療師請馬汀從三種面向中描述他的憤怒：他的身體感受、他的理解，和他的衝動及相對應的幻想畫面。在理想的情況下，這憤怒最終將直接衝著治療師而來。

過程有可能如下：

治療師：你現在對我的感覺是什麼？

馬汀：很火大。

治療師：你的身體能感受得到嗎？

馬汀：我兩腿的肌肉很緊繃。

治療師：你的腿現在想做什麼？

馬汀：我右腿想踹你的椅子，好讓你摔下來滿地滾。

（馬汀正坐起來，深深吸了一口氣，然後直直盯著治療師看。）

治療師：我摔下來滿地滾的話，我的臉會是什麼模樣？

馬汀：會看起來還滿可怕的。

（馬汀臉上泛起大大的笑容，治療師從馬汀身上看到一股前所未見的活力。）

馬汀開始察覺、觸碰到並表達出他對治療師真正且主要的感受時，他童年時期的回憶通常會接連閃過腦海。當初使自我保護策略不得不形成的過往情境，頓時變得非常靠近。它們必須被攤在陽光下，好好整頓一番。從前令人難以招架的所有感受，都必須廣納進來、獲得處理，並表達出來。

這會是很大的解脫，因為馬汀將發現，他現在已經長大成人了，有另一位能帶給他安全感的成人陪伴著他，因此他現在能夠處理童年時期那些令人無法忍受的感受了。

你在自我保護策略運作的當下將它們描述出來，並不是一種很愉快的經驗。案主通常會說這是極度不舒服的，就像遭到暴露了、失去控制了，且變得不知所措了。

某位接受了短期密集動力心理治療的案主，在一次治療後說：

從某方面來說，這是我這輩子所有經驗中，既是最美好也是最糟糕的一次經驗。說它最糟糕是因為過程中我的安全感蕩然無存且極度無助。說它最美好是因為它讓我有機會體驗到，什麼是有另一個人很堅持地近距離押著我，不讓我溜走，鍥而不捨地追根究柢。

你開始解除自我保護策略的過程中，以你周遭環境為對象的保護機制將率先浮現，而最常見的情形是，它們通常會從和治療師的相處關係中浮現。它們的力量減弱時，案主多半將對治療師感到憤怒。最先浮現的感受是什麼，可能會因人而異，但最常見的是憤怒。

隨著治療過程繼續推進，憤怒之下的其他層面將陸續浮現。

如上面例子所描述的那樣正面迎戰自我保護策略，並非人人皆適用。但對某些人來說，如果使用在正確的時機點，有可能效果非常好。

對其他人來說，比較好的方式會是使用較謹慎的治療法，亦即最能優先協助案主更善於察覺和理解自己的治療法。自我保護策略不再必要時，有時候可能自行瓦解，就像傷口底下的皮膚癒合到足夠的程度後，疤痂會自行脫落一樣。

我有時候會小心翼翼問案主，她某個既定的思考或行為方式，是否有可能會是一種想疏離某些較深層感受的自我保護策略。倘若她斷然否認，我便不會再追問，但會想著，一種可能是我錯了，一種可能則是繼續沿用先前比喻：皮膚下的傷口尚未完全癒合。

有些人不靠專業協助就解除了多餘的自我保護策略，自行解除，或藉助伴侶的善意關注，或藉助朋友。不過大多時候，解除過程中能有心理治療師或其他導師是很不錯的。選擇一個能帶來安全感的人，如果悲傷有時變得太沉重，這個人也能提供認同肯定和鼓舞希望。

以惱怒或生氣做為自我保護

某種自我保護技巧被暴露後，當事人最典型的反應通常是惱怒或生氣，先前馬汀的自我保護策略開始變得薄弱時，他變得對心理治療師很憤怒。別人越來越接近我們時，我們很多人很容易以惱怒或生氣做為反應，就算他們所給予我們的是某種我們會喜歡的好東西也一樣。

以下是個例子：

海倫這位案主對自己的感情關係總是覺得不滿足，某天她告訴我有

件事令她很納悶：有個跟她不算很熟的男人，好幾次提議他們一起約會看看，但她都婉拒了。不知為了什麼原因，她對他感到極度惱怒，她也說不上來為什麼。我們仔細檢視，海倫開始嘗試說說看可能令她惱怒的原因，好比說，她不認同他的某些態度，但沒有一個理由能解釋為何她反應這麼激烈。

一直到心理治療很長一段時間後，我們才找出了原因。一個未處理的舊傷痛忽然浮現檯面，經過處理調適後，海倫變得更懂得如何面對自己對別人關心的渴望了，她對那個男人的惱怒感也消失了。事實上，她後來更想和他在一起了，因為她感覺到，他所能帶給她的溫暖和同理心，更勝過她原本習慣得到的程度。

如果你把你已失去聯繫的一份悲傷、渴望或痛苦埋藏起來，別人對你的關心，可能會同時引起你好幾種不同反應。「被遺忘」的痛苦將呼之欲出、獲得護理，並由傷痛取而代之。

悲傷是通往傷口癒合的道路，但由於我們的心理天生就有逃避痛苦的需求，我們可能會用很多種自我保護策略來阻斷這條道路，**不論我們自己是否有意識到，以防止自己太靠近痛苦到足以處理傷痛的程度，也防止自己觸碰到這痛苦並將它融入我們的性格中。**

我們的各種不同自我保護策略彼此是層層相疊的，最頂層的策略用來保護我們不受周遭環境的傷害，下一層緊接著的通常是憤怒或惱怒。

不論對內或對外，憤怒都是一種有效的自我保護：對外有效，因為它能讓別人閉嘴與退卻。對內也有效，因為憤怒很容易就占據頂層位置，你便不會再感受到其他可能存在的情緒，譬如無力感和悲傷。

而且只要不斷想著自己被騙了或遭受不公平對待，這些念頭很容易就能讓憤怒源源不絕。傾向於形成對內憤怒的人，心中念頭通常會圍繞著挫折和悔恨打轉。這些念頭有可能是關於他們當初要是採取了不同的作為，現在事情一定盡善盡美，他們用這些念頭來撻伐自己。對內的憤怒就像對外的憤怒一樣，也可以是一種自我保護策略，用來防堵比較脆弱的情緒，譬如無力感、悲傷，或許也是一絲遭禁止的喜悅。

如果你在閱讀這本書的時候，感到很惱怒，有可能是因為你就快要揭開自己的某種自我保護策略了。你運用惱怒來保護自己不去感受到困惑和不舒服，而困惑和不舒服正是踏上察覺自我保護策略和解放自己之路的第一步。

憤怒只是層層自我保護策略中的其中一層，它並非最終目標。掩蓋著憤怒的自我保護策略變得很稀薄，稀薄到讓人能比之前更清楚感受到它的存在時，有些人會感到如釋重負。他們發現自己變得更懂得說「不」和好好照顧自己。因為這樣的緣故，他們很可能也覺得自己宛如終於達成了自己的最終目標。

但憤怒只是中途的一站，人很可能會忍不住想在這一站徘徊逗留，讓憤怒直接付諸行動。

以下再舉一例。

卡斯博接觸到自己的憤怒時，他回家見他年邁的雙親，一五一十說出自己對他們教養子女方式的看法，以及從前他覺得他們令他失望時的每一段往事。把積壓已久的心事一吐為快帶給他莫大的解脫，他精神大振，很多年沒覺得自己這麼有活力了。

但以未經思索的方式讓憤怒付諸行動，乃是一種生存技巧，而非有建設性的情緒技能。把憤怒表達出來有可能產生正面效應，有時候勝過什麼也不說。一旦人際關係受到任何損傷，如果你善於請求原諒，你便能修復這段關係。

然而，對絕大多數的人來說，如果你能克制自己的憤怒，而不立刻付諸行動，對大家都是最好的。最好別馬上就讓憤怒變成別人的負擔，而要先在你自己內心做些功課，累積足夠的力量克制自己的憤怒，並讓自己以保有同理心和開放的心態看待對方。

直到多年後，卡斯博才有能力從父母的觀點看事情。這件事當時令他們措手不及，他們對他的指控很不高興，因為他們無從理解。有很長一段時間，他們面對他時如履薄冰，且保持距離，因為他們害怕再度受到打擊。

感受到並表達出憤怒，並非最終極的目標。緊鄰在憤怒下方的悲傷和渴望，比憤怒更有生命力得多，感受到並表達出悲傷和渴望，能開啟和別人產生親密感和連結感的更深刻體驗。

悲傷和痛苦

惱怒和憤怒的自我保護策略下面的那一層，是悲傷和痛苦。有些人認為，唯有童年不幸的人才是這樣，但沒有誰的父母是完美的。小時候我們都曾感到失望、不被愛，或遭遺棄過，而這在我們身上都留下了或深或淺的痕跡。

讓我們再繼續看看馬汀和治療師之間的對話，現在距離馬汀表達出憤怒又過了一段時日：

治療師：你現在身體的感受是什麼？

馬汀：喉嚨緊緊的，覺得冷，覺得悲傷。

治療師：你覺得缺少了什麼？

馬汀：不知道。（撇開目光）

治療師：你撇開目光了，你感覺到什麼？

馬汀：空虛。

治療師：空虛的裡面是什麼？

馬汀：（開始流淚）

治療師：你現在這一刻最想要怎樣？有沒有什麼事是我能說或做的，且能現在就讓你快樂起來？

馬汀：如果你說你喜歡我。（哭泣）

接著，一段童年回憶浮現了。馬丁回想起，晚餐時在家裡餐桌前，他專注盯著母親的臉，彷彿不想要錯過任何珍貴罕見的笑容。他母親臉上的表情大多時候很嚴肅且疏離，他也記得離開餐桌時自己心中那種失望和失落的感覺。接著，他回想起自己小時候是個很謹慎的小男孩，這小男孩想盡辦法希望被愛，卻只得到極少的親密感和關注。這裡，馬汀感受到了自己關於愛的匱乏。再度回到不被愛的感覺，很可能會猶如天崩地裂了，尤其是當中牽涉到在你生命早期和你有密切關聯的人。但這是問題的核心，也是復甦生命力的泉源。

他同情起年幼時的自己，以及如今已長大成人卻依然在尋尋覓覓的自己，於是開始感受到自己的悲傷。

卸下自我保護策略時，童年時期的感受可能會以原本的強度突然浮現。一開始，排山倒海而來的悲傷令他非常不舒服。不過等他學會接納悲傷和騰出空間給傷痛後，他才發現悲傷和喜悅彼此關係多麼緊密，而允許兩者同時並存又是多麼生動有力。重點在於要伸手觸碰你的悲傷，給它空間、用言語將它描述出來，納為己用，讓它成為我們性格的一部分，讓我們能不費力地輕鬆擁有它，並在親密而安全的人際關係中展現出來。

人生中許多不適當的模式之所以形成，是為了試圖避免悲傷和不舒服。和你自己在一起，也是在和你過去人生中的所有心傷在一起，以及和你曾遇到的愛和愛的匱乏在一起。如果你疏遠了童年時期或後來愛的感覺或愛的匱乏，你很可能也遠離了你自己心中那個能夠感受到別人是否喜歡你的地方。

夏綠蒂曾接受過很長時間的心理治療，她說：

現在我學會感受，和我在一起的這個人，他心裡究竟是真的喜歡我，還是他有興趣的只是能夠和我在一起而已。如果是後者，我會比較不那麼投入這段感情關係，而多替自己著想一些。

以前，只要有人對我微笑和向我伸出手，我就會把自己整顆心都掏出去。在內心深處，我覺得自己是個微不足道的人，只要有任何人願意對我好，我都該心存感激。

回顧了我童年的若干片段後，如今看出，我曾經是個滿懷著愛的孩子，從情緒接觸和溫暖的角度來看，卻是活在匱乏、貧瘠的環境中。

起初，承認這一點，有時候太難以承受了，就算我所流的眼淚絕大多數是釋懷的眼淚也一樣。有一陣子，一直處於來回擺盪的狀態，我前一刻還覺得自己的新洞見透徹無比，下一刻又對自己剛剛所理解的事滿腹

疑慮。

現在我漸漸從必經的混亂和困惑中找出了一條路，我在新的自我認同中找到了落腳處，它成了我的新立足基礎，我靠它來決定與別人的人際關係中，我想要什麼或不要什麼。

夏綠蒂的思維歷程——「我是個微不足道的人」，自童年時期便深深埋藏在她內心中，不論她多麼努力正向思考，這思維仍然不斷跳出來，盤據她的注意力，將她推入一段又一段的憂鬱期。其功能在於充當一種自我保護策略，阻隔她童年時期缺乏愛的感受。一直等到夏綠蒂有能力正視她兒時實際的生活環境，並觸碰到自己對那現實情形的情緒反應後，這個難纏又根深柢固的思維才鬆開了對她的箝制，她終於能形成一個符合她成年後實際現況的新自我理解。

解除如今弊處多過益處的自我保護策略後，你不見得一定會感到快樂。

起初，你很可能會覺得自己很脆弱且暴露，但同時，對生命的感受又會有昇華的感覺。最常見的情形是，不論遇到好事或壞事，你將發現你都更有能力去察覺自己在人際關係中的處境了。有些人說，他們後來在成功的人際關係中經驗到更大的滿足和喜悅，同時，在基於某些理由而無法形成親密感的人際關係中，也經歷到更大的痛苦。

人首度經驗到怎樣是觸碰到自己的痛苦，同時又和別人形成良好而親密的接觸時，那種對人生的感覺真的很深刻。

烏蘇拉是這麼形容的：

當時我感受到自己被深深的悲傷占據，而且是頭一遭不急著想逃離，而是和我的治療師保持聯繫，那感覺彷彿開啟了一整個全新世界。我感到既脆弱又很有生命力，忽然覺得我所能夠從這段人生中獲得的比我想像中更多，我的希望和精力也增長了。

很多人耗費驚人的精力去疏遠自己的痛苦和別人，但將痛苦融入自己，並允許自己去感受自己的悲傷和渴望，是通往自由的大道。

下圖是各種不同層面的圖示。

對愛與接觸的渴望

我們生來就懂得如何和別人建立親密連結，鳥憑本能就知道如何築巢，同樣地，新生兒天生就具備了建立連結的必備條件。

父母各有各的過去，他們來自不

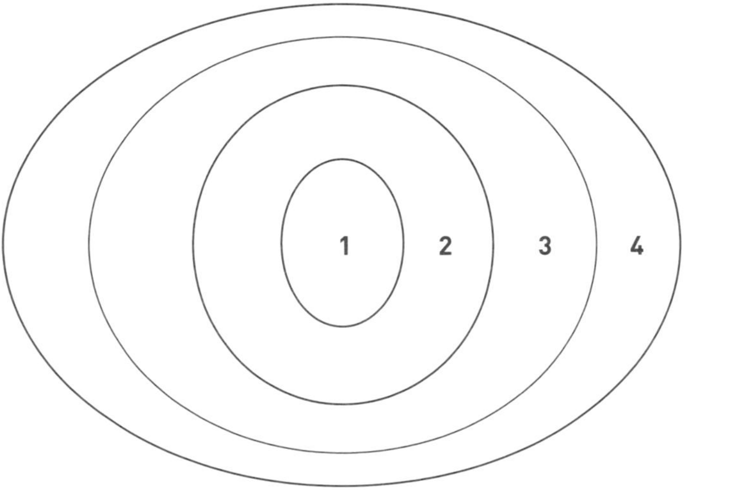

1. 愛與連結　2. 悲傷與痛苦　3. 惱怒與憤怒　4. 自我保護策略

自我保護的各種層面

同家族，背負著各自的社會傳承和生物傳承，不論這些傳承是好或是壞。如果某位主要照顧者的包袱裡仍扛著重大創傷，建立連結時便可能會出問題。

這段親子關係中的孩子，日後人生終將殷切渴望著某種東西，並能直覺地感受到這東西必然存在，卻無法看清它的真實面貌。

我們在上一段所看到的夏綠蒂，她忽然明白了為什麼自己從有記憶以來就一直重複作一個夢。簡單來說，夢境如下：她面臨一個生死交關的情境，拿起電話想求援，電話上卻沒有她撥打號碼所需的數字按鍵。她手裡握著電話，站在原地，焦急落淚，拚命想向外連結，通常也在這時從夢中醒來。

這夢境所呈現出來的畫面，是她兒時所感受到的孤單和絕望，而這孤單和絕望在她成年後依然持續重複著。

夏綠蒂的母親患有嚴重精神疾病，夏綠蒂和她建立良好情緒接觸的機會少之又少且時機難以預料。長大成人後，夏綠蒂不斷重複的模式是，她一再愛上脆弱的男人，努力想幫助他們。每次，她都幻想對方極度寂寞，很需要她所能提供的接觸。但她越想給他，他就越退縮，每次都以絕望和淚水收場。

透過心理治療，夏綠蒂發現她從男人身上所感受到且想要撫平的深深寂寞，其實是她自己的寂寞。她過去試圖保護自己，不去感受自己的寂寞和強烈渴望，而是把它們投射到男人身上，並避開男人特別能幹的場合。有好長一段時間，她無法忍受某些特定情歌，而要是她的某位姊妹淘戀愛了，她就疏遠她。

夏綠蒂的寂寞和悲傷簡直一觸即發，雖然很長一段時間以來，她無法忍受看到這寂寞和悲傷的全貌，但連不時地匆匆一瞥都很沉重，她也無法全面地去感受自己的反應。這些匆匆一瞥幫助她別變得認命，反而要繼續追尋她所欠缺的東西。她認清了自己的模式，處理了自己和母親之間的關係，且學會觸碰自己的寂寞和渴望後，她不再需要逃避特定情歌和陷入熱戀的姊妹淘，人生中也開始出現不同類型的男人。

有些人感受不到自己對愛的渴望，他們在情緒上僅得過且過地過著貧瘠的生活，他們放棄了，他們相信情況頂多只能這樣了。或許他們用過多的食物、睡眠、娛樂或其他形式的長期濫用來麻痺自己，但就算是這些人，他們的渴望仍可能出現在夢境或幻想中，不然渴望也可能以羨慕或鄙視的形式探出頭來，他們會羨慕或鄙視那些在生活中願騰出空間給自己感受的人。

能感受到自身渴望的人，不論這麼做有多麼痛苦，比無法感受到自身渴望的人，更有機會尋得他們所渴望的事物。

有些人和家人朋友保有穩定關係，甚至和伴侶也關係穩定，但內心仍然有所渴望，他們很可能需要學習讓心更靠近。我的書《高敏感是種天賦：肯定自己的獨特，感受更多、想像更多、創造更多》可讓你更瞭解如何在人際接觸的不同層級中自由地上下移動，書中提供了多種不同方法，能幫助你控制和決定要讓某段特定人際關係多淺或多深。

你對你自己的種種起源和你本身有了更新一層認識後，常常會興起的疑問是，是否該把你的新洞見分享給相關的當事人。

改變對父母的看法

開始用更實際的角度看待你父母和你自己後，你是在調適你的內在自我，這個過程通常需要花很長時間。把你的新洞見強加在你父母身上，究竟效益有多大，會因每段關係不同而有所不同。

但很重要的是要知道，倘若你過去心中一直對父母懷抱著一個理想化的形象，且這形象如今粉碎了，那麼它可能有一段時間會淪為貶抑。由於一直以來把父母過去或現在的模樣看成比實際上更好，那麼很容易落入的陷阱，是如今把他們過去或現在的模樣看成比實際上更糟。

以瑪莉亞為例，以前經常可聽到她說：「我的一切都是我爸媽給我的。」她內心中父母的形象粉碎後，凡事都反過來了。如今，她認為他們給她的東西沒有一樣是好的。但過了幾個月，她開始找到平衡點，她回想起人生中某些時候，父母確實曾以真誠而不自私的方式支持過她。

她聽從心理治療師的建議，等自己內心充分適應了自己看世界的新方式後，再和父母分享這些新洞見。

另一個例子是蘇菲雅，她非常清楚她母親以前之所以那樣對待她，並非出於惡意，她知道她母親也是受自身所傳承的社會影響和生理影響的受害者。儘管如此，心中的理想化形象分崩離析時，蘇菲雅仍失望得難以承受。她覺得母親欺騙了她，長期下來，既要處理她對母親的瞭解，又要應付她自身的憤怒，對蘇菲雅而言太困難了。

那段時期，她和母親的聯絡只有電子郵件往來，因為只要和母親面對面共處一室，就會在蘇菲雅心中激起過大的憤怒和挫折，令她覺得壓力太大、不堪負荷。

經過密集心理治療後，蘇菲雅變得有能力控制自己的失望和悲傷，於是她再度又能以成人的沉著方式和母親相處了。漸漸地，她也累積了足夠的精力去看到母親曾做的努力，以及先前為試圖聯繫女兒所做的付出。

最好的情況是，一旦重新檢視了自己對爸爸和媽媽的看法後，父母和他們成年子女之間，將形成一種嶄新且更平等許多的親子關係。最糟的情況下，父母無法面對子女從此以不同方式看待他們，有可能親子關係變得太緊張，以至於不再聯絡反而對大家都好。不過，在這兩種極端情形之間，存在著很多條可能的折衷道路。如果這段關係維持得很辛苦，又不想要完全放棄，說好一年碰面兩次，一次兩個小時，或許會是個好辦法。

改變看待你自己和父母的方式是一種巨大的轉變歷程，有時候這歷程會在兩種極端間來回擺盪，直到後來你才摸索出平衡點。一個極端是把你父母看成比他們實際上更好，另一個極端是把他們看成比實際上更糟。

你看待自己時，也可能落入這兩種相同的極端。某些時期，你覺得你這個人無所不能；某些時期，你又覺得自己一無是處。你對伴侶的看法，經常會隨著你對你自己的看法而轉變，所以某陣子，你覺得倘若你單身的話，你的伴侶或情人根本配不上你，你便很想單飛。但另一陣子，你又覺得自己無法滿足伴侶的期待，不禁滿心焦慮，生怕自己被拋棄。

人生的關鍵在於找到平衡點，而這需要相當寬大的心胸，有時候必須先建立這樣的心胸，而後才能靠它發揮作用。如果想要找到位處中央的立足之地，你必須接納自己的各種短處和長處，勇敢做自己。

CHAPTER 8

回歸原本的自我

脫下社交面具

如果害怕自己不論變成什麼模樣，都無法是「對的」，這種害怕擴大到某種程度後，社交面具就會變得缺乏彈性。對某些人來說，這面具會僵化成一個他們永遠無法完全脫下的猙獰表情。

如果你想看看未戴上社交面具的臉龐，不妨看看剛好從你身旁經過的公車。如果運氣好，說不定能瞥見一位正望向窗外、自以為沒人在看的乘客。他們多半看起來神情非常放鬆，說不定他們下巴鬆垂，嘴角微張。但只要一有人攀談，這個人的臉就會立刻收斂、戴上社交面具，或許還會面露微笑。

當你處在社交場合時，如果能有社交面具可戴也是不錯的。不管走到哪裡都用一張表露無遺的臉示人，恐怕不太恰當。問題在於，你本身是否能意識到自己戴上了面具或沒戴面具，又或者你是否從來不敢把面具脫下來，即使是在你最親密的關係中也不敢。

有位案主是這麼敘述的：

很多年來，如果有男人躺在我身旁，我就無法入睡。彷彿我從來不敢讓自己的臉放鬆。後來，透過心理治療，我發現了自己在害怕什麼。原來我害怕男人要是三更半夜醒來，會看到我在睡覺。你不可能帶著笑容睡覺，還指望這笑容能持續一整夜。我害怕自己睡著而不得不停止控制自己的表情後，我的模樣會很惹人厭，我害怕他會因為這樣就疏遠我，並離開我。

展現出你臉既有的模樣，是建立良好關係的一種好方法，而且這是有傳染力的。如果你看到一張非常非常放鬆且坦然的臉，你自己的臉也會想要和對方一樣。同樣地，如果你看到一張笑得非常燦爛的臉，你頓時也很難不露出笑容，就算你原本並不開心也一樣。

然而，笑容可能使微笑者和對方都無法好好察覺自己的感受。譬如說，如果對方時時刻刻都面帶微笑，你可能就算有不好的感覺也說不出口。如果笑容比較像是一種面具，而比較不是在表達一個人的內心世界，那麼這笑容有可能被當成一種自我保護策略使用。一開口說話就沒完沒了，也有相同的作用，跟一個說話滔滔不絕的人非常難達成真正的交流。另一方面，如果雙方都勇於從滔滔不絕的話匣子中暫停片刻，允許脫下社交面具一下子，並好好讓彼此目光交會，那麼極具生命力的親密感便可能油然而生。

脫下你的社交面具，允許你臉龐完完全全呈現它所想呈現的姿態，因為它反映了你當下的內心情形，如果你很少這樣，或甚至從來不這樣，以上這樣的做法可能很嚇人。但不論是對內或對外，這樣都能建立更好的交流。

如果你想要真正察覺你自己的人生，想要很徹底地感受到自己活著，你就必須放棄自己一定要是對的、好的、聰明的，或任何你想在自己眼中或在別人眼中成為的模樣。你必須要敢做當下的自己，而不特別欲求什麼特定事物。「我就是我」是一種很好且很基本的態度，它能提供你充足的空間接觸和探索你自己深層的感受、欲望或渴望，讓你得以發自內心地對自己形成良好的感覺。

選擇做自己，以便和別人邂逅

如果我們想要更清楚看見自己和瞭解自己，就必須不能讓自己有太多無意識、不自覺的自我保護策略。這些策略會蒙蔽我們的視線，使我們沒有辦法察覺到我們的內在自我，也沒辦法以別人既有的面貌察覺別人。

選擇做你自己，就是決定努力連結到你自己的內在現況，且自給自足，就算此刻的你無法符合你自己或別人的期許也一樣。

這樣也是在接受一件事，即人生中大多真正重要的事，都不是我們所能主宰的。選擇做你自己，是練習放下控制欲，而在人生的波流中隨遇而安。

人生是瞬息萬變的，我們自己時時刻刻都在變化。我們所接觸和交流的人，總有一天必須讓他們再離開，人生乃是在悲傷和讚歎間交替輪轉。

在這些前提下仍敢於當一個凡人，且能接受自己身為自己的人，便能憑著當下的感受採取行動，而不需要被過去的感受或恐懼給牽著走。正因為能活在當下，才能和別人相遇。若想要有能力在當下體驗一場真正的邂逅，雙方都必須勇敢做自己才行。

我們有可能在一起，卻不曾真正相遇。比方說，我們有可能是以消費形式在一起。也許我們利用別人來轉移自己的注意力，以獲得消遣娛樂，以取得資訊，取得認可，或取得任何我們想追求的事物，人有可能用使用物品的方式來使用彼此。你如果不打開電視，透過看電視獲得娛樂，也大可打電話給朋友，聊一聊八卦。你是否真心有興趣來一場真正的邂逅，實在很難說。說不定你當下並沒有足夠的精力進行更深度的人際交流，也說不定你對別人的內心世界並沒有太大興趣。

偶爾以這種方式利用彼此並沒有什麼不對，假使我們時時刻刻都和自己及別人進行百分之百的交流，人生會變得太吃力了。但如果我們所提供或所接受到的交流方式，就只有這唯一的方式，或我們自己也沒意識到情況究竟是如何，那麼所產生的生活品質會比較低。

在一場真正的邂逅中，並沒有時間表。沒有確切的目標，沒有非達成不可的企圖，你並不打算拿對方做任何用途。在一場真正的邂逅中，你們僅以當下這一刻的現況和彼此相處。會發生什麼事都是無法預料的，你難保不會因為這場邂逅而改變。說不定會出現很精采的時刻，讓你感受到「我知道你知道我知道」或「我感覺得出你感覺得出我的感覺」。

感受到被愛，就是感受到你以你既有的模樣完完全全被看到且被接納。換句話說，有能力去愛，就是有能力看到、適應並接納你自己和別人。

「所有真實的人生都是邂逅。」猶太哲學家馬丁・布伯（Martin Buber）曾如是說。我們無法事先計畫或自行決定是否要進行一場這麼高品質的邂逅、一場讓我們真心覺得自己真正活著的邂逅，但我們可以設法營造最佳的先決條件。而我們檢視自己的自我保護策略，選擇徹底接納自己時，就是在做這件事。我們這麼做的時候，為人際關係開啟了新契機，一切都變得更簡單了。

拋開「非要夠好不可」的堅持

如果你投入了大量精力要讓自己變得夠好（對大多人來說，夠好意味著讓自己變得好到必定能夠被愛），實在很難說放手就放手，很難就這樣放棄一個其實不可能達成的計畫。如果這計畫已經持續很多年了，談放棄尤其困難。

打個比方的話，這就像花很多錢投資一家公司，它承諾讓你整個後半輩子都高枕無憂。你就快失去信心時，忽然得知必須再投入更多資金才能讓公司順利運作。

打從你決定把資金（精力）從你口袋放到公司口袋的那一天起，你可能就知道你投資錯誤了，這可能使你為在這方面虛耗的人生而感到悲傷。但如果你還是繼續不斷投入精力，希望有朝一日能把不可能的事變成可能，你就能逃避這不愉快的真相和你自己的悲傷。

你用來主導你人生的策略和規則，並未達成原本所希冀的結果，而且永遠也無法達成，認清這件事可能既令人錯愕又令人無法承受。光是發現還有其他能更讓人滿足的生活方式，就可能引發悲傷，不過這同時也是通往更讓人滿足的生活和更多快樂的途徑。

以下是一個例子。

安妮很早就成為人母，也決定繼續當個家庭主婦。雖然她的生活經常孤單又無聊，她還是覺得自己無法忍受每天外出接觸人群八個小時。

到了三十五歲，她為了經濟因素不得不第一次出門找工作，她發現接觸人群讓她活力充沛，她的心情興奮到連她都快不認得自己了。她當家庭主婦當了十五年，對於自己出門工作反而生活過得更好，她對這項新認知有點難以調適。為了保護自己不受這新認知的傷害，她在內心存疑了很長一段時間。她告訴自己，八成只是新鮮感作祟，才讓這一切顯得有趣，且帶給她這份意料之外的快樂。但漸漸地，她越來越能夠接受自己對於外出工作勝任愉快的事實，工作既賦予她新的活力，也對她的孩子有益。

長期下來，她的新快樂遠遠超過了過去十五年孤單歲月所累積的傷痛。但一開始的時候，悲傷實在令人難以承受。而倘若你不善於處理傷痛，或一直以來都竭力逃避傷痛，其實會很想要回到舊模式，對新快樂抱持懷疑態度，試圖抹殺新快樂或將它徹底忘掉。

在這件事情上，我想原因就在於，很多人一直緊緊抓著舊模式和過時策略不放，唯有等到或如果他們夠幸運，遇到一場危機或其他成長機會迎頭痛擊時，才終於能夠找到出口並透過處理傷痛讓自己重獲自由。

如果你有個重大傷痛，卻一直避免面對，或一直還沒徹底處理，你遇到新的傷痛時，可能就會和壓力後創傷症候群患者再次回顧創傷時一樣的敏感。

幸好，在我們如今這年代，有很多機會可尋求專業協助，處理舊創傷，學習察覺自己的感受和應對人生中的未知數。

如果你希望以覺醒的方式過人生，全然感受悲傷和喜悅，你就必須學會放手。你必須能夠對你曾有交流的人事物說再見，以便能迎接即將出現的新人事物。**人生是瞬息萬變的，我們會遇到並建立種種關係。我們會分離，並必須透過處理傷痛讓自己重獲自由，以便在全新的關係中重新來過。**有時哭泣，有時歡笑。對於什麼能激起最大的喜悅或最深的傷痛，我們大多時候無從掌控。但如果你善於放手，並能透過處理傷痛讓自己重獲自由，面對人生的艱難，你便已有萬全的準備了。

危機是走入下一個階段的證明

過去被視為理所當然的現實和自我理解受到質疑時，有可能會引發某種形式的危機。

安妮發現她先生其實比她想像中更在乎她，而且她對他的負面印象，其實比較牽涉到她自己而非牽涉到他，這令她頓時亂了方寸，有一陣子，她對於自己先前的所有想法和信念都感到懷疑。她自己形容這段時期就好比處在外海深水中，過了好幾個月後，她才終於在一條新道路上找到立足點。

她後來說：「在我察覺到自己的自我保護策略之前，我比現在更有自我安全感。那時候，我認為自己在生活中運作良好，只不過為了一而再再而三碰上非常難搞的人，而覺得很煩。後來才發現，某部分的麻煩，居然是我自己引起的，這實在讓人非常不舒服。」

有時候，還沒檢視自己人生時，反而覺得生活容易些，但那樣的人生也比較貧瘠。你越不認識和瞭解自己，你和別人的人際關係品質就越差。如果你無法清楚看見自己或別人，併發症將一再捲土重來，你將很難理解自己，或感受到自己在人際關係中受到理解。你越感受不到自己、越不理解自己，你人生中活在當下的體驗就越模糊不清。

改變人生的痛苦——當我們更靠近內在時

人們罹患了生死交關的重病後，回顧反省前半輩子，決定把自己的人生朝正面方向改變，這類案例不勝枚舉。事後這些人經常驚呼：「這樣的改變能為我的人生和我身邊的親人帶來更多快樂，我怎麼居然到現在才發現呢？」

其中一個答案是，我們是習慣的動物。只要我們未面臨一定程度的壓力，就會順著自己熟悉且舒適的路線一直走下去。

拋開不適宜的自我保護策略後，會讓你更靠近真實現況，其效果有可能和罹患重病相同：雖然改變自己有可能令人害怕，但我們將有充足的動力去改變。有時候，人生中的痛苦必須累積到某種程度，我們才會拋開一些安全又方便的習慣，把自己丟進一個新領域。

桃樂絲更靠近自己的真實現況後，更深刻瞭解到，她以前因為從來不敢一頭栽進深層的感情關係，結果錯過了人生中一些最美好的事物，而她彌補的時間顯然有限，因為她已年過半百。這項洞見使她陷入危機，引發了莫大的悲傷。

她不得不服用抗憂鬱劑，後來才累積足夠的精力改變人生。接著，她做了一件她向來發誓一輩子都不可能會做的事：她在約會網站上開了個帳號。她在這裡發現，這對她的個人成長是有助益的，因為她練習了具體表達出自己對未來可能的對象，能夠提供什麼和將會提供什麼，更重要的是，表達出她自己的欲求是什麼。後來，她發現和人約會讓她覺

得很有趣且深受啟發。心理治療告一段落時，她還沒交到男朋友，但遇到了一個成為她重要朋友的男人。

蘇姍娜過去一向和自己的內在自我保持距離，她總是超前自己三步。她無時無刻不盤算著再過一會兒、明天或明年即將發生的事。她滿腦子都是計畫和想法，想著等自己所規劃的事情統統完成後，不知該有多棒。

卸下這個自我保護策略後，她感受到處在人生當下所帶來的痛苦。她和她先生已經至少十年以上不曾親密了，原因在於她對先生很生氣，生氣的理由和她無法忍受自己的人生有關，但她自己沒看出這其中的關聯性。

蘇姍娜仔細檢視這現況後，她感到很深的悲傷，多年來，她忽略了自己的感情生活，也為了實際上和先生無關且他也無能為力的事情，而

一直責怪他。她的悲傷可能會顯得很像憂鬱症，一些朋友善意建議她別這麼負面思考，而要專注在正面事情上。但事實上，蘇姍娜現在的思維比從前任何時候都要來得務實且接近現況。她在悲傷之際，敞開雙臂迎向先生，以前所未有的方式，毫無保留地接受他對她的所有關懷。

改變舊模式的動力，來自於對虛度人生所感到的痛苦和挫折。等我們不再把不愉快的感覺，淹沒在過量的食物、娛樂、睡眠、有毒物質或其他自我保護策略之後，不愉快的感覺就得以變大，大到讓我們意識到自己非改變不可了。

解除不必要的自我保護策略，就是開始以新方式活在當下。第一步便要關注自己，回顧反省我們自己人生中的策略，檢視該策略是否有助於開拓我們的人生，還是反而會蒙蔽我們的認知和妨礙我們的人際關係。

覺察是向前邁進之道

若說我們並非人人皆活在讓人活力充沛、有益成長且滿懷著愛的人際關係裡，原因之一有可能是很多人需要更懂得如何靠近自己和別人，靠近到足以清楚看見自己和對方。然後，良好的邂逅才有成形的可能。

走出自我保護策略迷宮的道路就是覺察，我們對自己內在自我的意識越低，就有越多事情可能原地打轉，或在我們渾然不覺的情況下牽著我們的鼻子走。

光是知道無意識自我保護策略存在，就足以提升我們對它的注意力，增進我們看到自身策略的能力。

我們大多人在小時候對自己的內在自我並沒有多大興趣，但這份興趣可以在我們長大成人後進一步培養。我們不必再受困於相同的模式之中，反而可以檢視自己的策略，自行決定哪些策略可進行有益的調整，哪些又可完全解除。

只要對自己抱持開放、不偏頗且富有彈性的覺察和興趣，我們就能培養出寬大的胸襟，廣納我們內心的豐富多元世界。有了這寬大胸襟和做自己的勇氣，我們對別人也能給予同等開放且包容的關注了。

做完以上所描述的個人功課後，便已備妥種種最佳的先決條件，讓我們得以感受自己的活力，在愛之中連結了。

致謝

感謝完形分析學院院長暨應用心理學碩士倪爾斯・霍夫梅耶，他是我密集短期動力治療法的老師；感謝執業心理治療師暨神學者班特・佛克，他是我完形治療法的老師。

感謝多年來信任我並和我分享你想法和感受的每個人——不論是在教會裡的、在我心理診療室裡的、在我課堂上的，或其他地方的。尤其感謝允許我把你當成例子列舉在本書中的人。

也感謝所有曾讀過這本書的初稿並給過我指教的人，少了和你們來來回回的反覆討論，這本書便無法像現在這麼好。在此想特別感謝馬汀・霍斯楚普、珍妮・瑟西莉・禮果德、顏斯・哈斯穆森、克麗絲汀・桑德和琵雅・夏爾德，你們各以你們獨特的方式在這本書中留下了足跡。

參考書目

- Buber, Martin (2010) I and Thou. Eastford, CT: Martino Fine Books.
《我與你》（香港基督教文藝出版社，1974）
- Davanloo, Habib (1978) Basic Principles and Techniques in Short-Term Dynamic Psychotherapy. New York: Spectrum Publications.
- Davanloo, Habib (1990) Unlocking the Unconscious. New York: Wiley.
- Davidsen-Nielsen, Marianne and Leick, Nini (1991) Healing Pain: Attachment, Loss, and Grief Therapy. London: Routledge.
- Della Selva, Patricia Coughlin (1996) Intensive Short-term Dynamic Psychotherapy: Theory and Technique. London: Karnac Books.
- Freud, Sigmund (1926) Inhibitions, Symptoms and Anxiety. Eastford, CT:

Martino Fine Books.

- Jung, C.G. (1964) The Undiscovered Self. Civilization in Transition (Collected Works of C.G. Jung). London: Routledge.
- Kierkegaard, Søren (1981) The Concept of Anxiety. Princeton, NJ: Princeton University Press; first edition (US).
- Kierkegaard, Søren (1989) The Sickness Unto Death. London: Penguin Classics.
- Miller, Alice (1997) The Drama of the Gifted Child. New York: Basic Books.
- O'Toole, Donna (1988) Aarvy Aardvark Finds Hope. Burnsville, NC: Compassion Press.
- Sand, Ilse (2016a) Highly Sensitive People in an Insensitive World: How to Create a Happy Life. London: Jessica Kingsley Publishers.
- Sand, Ilse (2016b) The Emotional Compass: How to Think Better About

Your Feelings. London: Jessica Kingsley Publishers.
《高敏感是種天賦：肯定自己的獨特，感受更多、想像更多、創造更多》（三采，2017）

● Yalom, Irvin D. (1980) Existential Psychotherapy. New York: Basic Books.
《愛的語言：非暴力溝通》（光啟文化，2009）

● Young, Jeffrey E. (1990) Cognitive Therapy for Personality Disorders: A Schema-Focused Approach. Portland, OR: Professional Resource Exchange Inc.

國家圖書館出版品預行編目資料

我只是假裝不在乎：脫下「自我保護」的社交面具，享受正向的人際關係 / 伊麗絲．桑德 (Ilse Sand) 著；梁若瑜 譯.
-- 初版. -- 臺北市：平安文化, 2018.9
面； 公分. -- (平安叢書；第605種)(Upward；91)
譯自：Come Closer: On Love and Self-protection

ISBN 978-986-96782-0-9(平裝)
1.心理學 2.人際關係

170 107013452

平安叢書第0605種
UPWARD 091

我只是假裝不在乎

脫下「自我保護」的社交面具，享受正向的人際關係

Come Closer - On Love and Self-protection

作　　者—伊麗絲．桑德
譯　　者—梁若瑜
發 行 人—平　雲
出版發行—平安文化有限公司
台北市敦化北路120巷50號
電話◎02-27168888
郵撥帳號◎18420815號
皇冠出版社(香港)有限公司
香港銅鑼灣道180號百樂商業中心
19字樓1903室
電話◎2529-1778　傳真◎2527-0904
總 編 輯—許婷婷
美術設計—王瓊瑤
著作完成日期—2013年
初版一刷日期—2018年9月
初版二刷日期—2023年10月
法律顧問—王惠光律師
有著作權・翻印必究
如有破損或裝訂錯誤，請寄回本社更換
讀者服務傳真專線◎02-27150507
電腦編號◎425091
ISBN◎978-986-96782-0-9
Printed in Taiwan
本書定價◎新台幣280元/港幣93元